本书由教育部人文社会科学研究项目“我国基础阶段英语学习者语法学习策略及其与语法能力的相关性研究”（21YJC740025）资助出版

外国语言文学研究丛书

外语课堂中的形式聚焦教学实证研究

李昶颖 著

EMPIRICAL STUDY ON FORM-FOCUSED INSTRUCTION IN THE FOREIGN LANGUAGE CLASS

知识产权出版社
全国百佳图书出版单位
—北京—

图书在版编目 (CIP) 数据

外语课堂中的形式聚焦教学实证研究 / 李昶颖著 . —北京 : 知识产权出版社 ,2022.10

ISBN 978-7-5130-8172-6

Ⅰ . ①外… Ⅱ . ①李… Ⅲ . ①外语教学 – 教学研究 Ⅳ . ① H09

中国版本图书馆 CIP 数据核字 (2022) 第 083832 号

内容简介

本书对形式聚焦教学进行了较全面的概述，并对我国外语课堂环境下的形式聚焦教学展开了系统、全面和深入的研究，为形式聚焦教学在不同教育层次的实施提供了较好的理论基础和较丰富的实证依据，也弥补了国内当前对基础教育阶段语法教学研究的不足。

责任编辑：徐 凡 **责任印制**：孙婷婷

外国语言文学研究丛书

外语课堂中的形式聚焦教学实证研究

WAIYU KETANG ZHONG DE XINGSHI JUJIAO JIAOXUE SHIZHENG YANJIU

李昶颖 著

出版发行 知识产权出版社有限责任公司 **网 址**：http://www.ipph.cn

电 话：010-82004826 http://www.laichushu.com

社 址：北京市海淀区气象路 50 号院 **邮 编**：100081

责编电话：010-82000860 转 8533 **责编邮箱**：laichushu@cnipr.com

发行电话：010-82000860 转 8101 **发行传真**：010-82000893

印 刷：北京中献拓方科技发展有限公司 **经 销**：新华书店、各大网上书店及相关专业书店

开 本：720mm×1000mm 1/16 **印 张**：11.75

版 次：2022 年 10 月第 1 版 **印 次**：2022 年 10 月第 1 次印刷

字 数：182 千字 **定 价**：55.00 元

ISBN 978-7-5130-8172-6

前　言

形式聚焦教学作为二语习得研究中的一个焦点，其对语言学习的效果已得到大量研究的证实。形式聚焦教学是在以意义为主的二语教学中吸引学习者注意语言形式的一种教学手段。当前，对形式聚焦教学的研究已经从最初探讨形式聚焦教学对语言习得是否有效，转移到研究在不同环境下和对不同学习者的各种类型的形式聚焦教学以及影响其效果与实施的各种因素（Nassaji，2016）。当前，研究者和教师最关注的问题是何时及如何进行形式聚焦教学更有效（Spada，Lightbown，2008），但是，多数研究关注的是如何聚焦形式，而针对何时聚焦形式，即形式聚焦教学时机的研究却很少。除了教学时机之外，形式聚焦教学的效果还受各种因素如语言形式复杂度、学习者个体差异、师生偏好和观点等因素的影响，但当前还没有研究将这些影响因素与形式聚焦教学时机结合起来以全面地探讨形式聚焦教学的效果。此外，虽然形式聚焦教学研究已取得了一定的成果，但其对实际教学的影响却很有限，这一方面是由于关于形式聚焦教学研究的结果往往不一致，另一方面是由于二语习得研究者往往忽视了教师的信念与实践。当前，关于形式聚焦教学的已有研究大多关注的是ESL环境下的成人学习者，对EFL环境下的青少年学习者研究较少。由于形式聚集教学在国内还未引起重视，当前国内的研究对语法教学研究较少且以非实证研究为主，对基础教育阶段的语法教学的忽略更为严重。

鉴于此，本书对形式聚焦教学进行了较为全面的综述，并在此基础之上对我国外语课堂环境中的形式聚焦教学展开了一系列的实证研究。实证研究共分为三个阶段。第一阶段（第4章）首先通过个案描述性研究对三位不同教龄的初中英语教师进行了课堂观察，然后对教师进行了关于形式聚焦教学信念的访谈，探讨了教师对形式聚焦教学的信念与实践及其影响因素。这一阶段的研究为后续研究奠定了较好的基础，使后续的实验研究更好地结合了教学实际从而达到较高的生态效度，为实际教学提供切实可行的教学启示。第二阶段（第5章）在个案描述性研究的基础之上对当前形式聚焦教学中的一个关键问题即形式聚焦的教学时机开展了基于前测、即时后测和延时后测三项课堂准实验研究。第一项研究在前人研究基础上（Elgün-Gündüz et al.，2012；File，Adams，2010；Spada，Lightbown，2008；Spada et al.，2014）探讨了形式聚焦教学时机的效果并对比了分离型和融入型形式聚焦教学时机对高低水平学习者习得英语被动语态的效果。第二项和第三项研究则在斯巴达和莱特鲍恩（Spada，Lightbown，2008）划分的分离型和融入型的基础上将形式聚焦教学时机细分为前分离型、后分离型和融入型，探讨这三种形式聚焦教学时机对不同水平学习者习得不同难度语法点时显性和隐性知识的效果。第三阶段（第6章）通过问卷调查和访谈探讨了师生对形式聚焦教学时机的偏好及不同教育层次师生偏好的差异。

本书的顺利出版要感谢恩师徐锦芬教授长期以来的关心、支持和指导，感谢华中科技大学外国语学院给我提供的良好科研氛围及院系领导的关照和厚爱，同时也要感谢所有参与本书研究的各校师生付出的努力。由于作者学识和能力有限，不足在所难免，敬请大家批评指正。

目　　录

第1章 绪　　论

1.1 研究背景

语法是语言的基础，但在语言教学领域没有什么比语法教学的作用更有争议的了（Nassaji，Fotos，2011）。随着理论和实证研究的发展，语法教学经历了许多变化，这些变化没有规律且很多时候呈钟摆式摆荡（Nassaji，Fotos，2011）。总体上，语法教学方法的发展经历了三个阶段：以语法为中心的传统教学方式、忽视语法以意义为主的教学方式及近期出现的将形式和意义相结合的形式聚焦教学（form-focused instruction，FFI)。很多年以来，语言教学被等同于语法教学，语法既是教学内容也是课程大纲和教学材料的组织原则（Celce-Murcia，2001），语言的学习主要是对语法规则的学习，似乎学会这些语法规则就足以掌握好这门语言。语法知识通常被认为包含一系列规则，这些规则能帮助学习者了解一门语言是如何构建的进而帮助学习者掌握该语言。语法规则能让学习者感到安全。但是，语法规则大多和语言形式的准确度相关，较少涉及意义及使用的恰当性。因此，传统的将语法视为一系列规则的语法教学往往导致学习者掌握了语法知识却不能应用这些知识（Liamkina，Ryshina-Pankova，2012）。随着交际教学法在20世纪70年代的兴起，语法教学被认为是不必要的，语法教学被视为是老式且无趣的。研究者们提出，语法教学忽视了对学生交际能力的培养而且对学生的语法习得也并没有什么作用，因此二语教学应该不教语法（Krashen，1981，1993a；Krashen，Terrell，1983）。后来，二语习得研究开始重新考虑语法的重要性，研究者们意识到二语课堂中不应该忽视语法教学。对浸入式课堂、交际教学及基于内容的语言教学环境的研究（Harley，1992；Long，Robinson，1998；Lyster，2004；Millard，2000；Sheen，2005）表明，当二语课堂完全是经验性的并以意义为主时，一些语言特征最终会无法发展到目标语水平，语言的准确性也不令人满意。而形式聚焦教学可以解决以上矛盾，可以使二语学习者获得更接近目标语的水平及更好的流利度和准确性（D'Amico 2013；Lyster，2004；Norries，Ortega，2000；Spada，Lightbown，1993）。对课堂实际教学的观察也表明，如果没有形式聚焦教学，一些语言特征可能永远不会出现在二语学习者的语言系统中，而一些非目标语的语言形式却会一直保留，从而产生中介语石化（Lyster，1987；Spada，2006）。因此，研究者和语言教师都已经认识到了形式聚焦教学的重要性。经过三十多年的发展，形式聚焦教学已经成为二语习得研究领域关注的一个焦点。课堂二语习得研究领域已经达成共识，将语言形式和意义相结合的教学才是对二语学习者最有效的（Spada，Lightbown，2008；Spada et al.，2014）。

但是，关于如何更有效地进行语法教学，当前还有很多问题，尤其是在二语课堂中该如何有效地将对语法形式的注意和对意义交流的注意相结合。理查德（Richards，2002）认为这一问题是语言教学中的主要困扰。从二语教师的角度来说，最核心的问题是，如何才能使语法在重回课堂的同时不退转到往往效果不佳的传统语法教学模式，语言形式和意义活动如何结合，语法教学和意义教学有哪些融入的方式，如何才能在不牺牲对意义和交流的注意的同时最大化地聚焦语法（Nassaji，Fotos，2011）。当前，二语习得研究的核心问题不再是语言形式是否应该包含在以意义为中心的教学中，而是何时及如何才能最有效地在以意义为中心的课堂中聚焦语言形式。斯巴达（Spada，1997）在回顾二语习得领域关于形式聚焦教学的课堂和实验研究的综述中提出了形式聚焦教学研究的七大问题：

（1）二语教学有作用吗？

（2）教学的类型有影响吗？

（3）形式聚焦教学对二语习得有用吗？

（4）有某种类型的形式聚焦教学比其他类型更有效吗？

（5）何时进行形式聚焦教学更有效？

（6）形式聚焦教学对哪些语法形式更有效？

（7）形式聚焦教学对哪种学习者更有效？

这七个问题从一般到具体，一环扣一环，反映了二语习得领域中关于教学的研究越来越精确和细致的趋势。2011年，斯巴达对这七大问题再次进行了回顾。现在，前两个问题早已得到证实，当前形式聚焦教学对二语习得的作用也已得到证实。对问题4，大量研究也已表明包含明显教学和纠正性反馈的显性形式聚焦教学比只让学生大量接触特定语法形式而不显性地聚焦学生注意语言形式的隐性形式聚焦教学效果更好（Norris，Ortega，2000）。这里涉及一个二语习得领域长期存在的问题，即二语教学对什么类型的知识有效？有研究者认为教学只对显性知识有效而对隐性知识无效，也有研究者认为教学对隐性知识也是有效的。问题5也是形式聚焦教学研究和教学中的一个关键问题，即形式聚焦教学的时机。当缇和威廉姆斯（Doughty，Williams，1998）在他们关于课堂二语习得中形式聚焦的论文集中将形式聚焦时机作为关键问题之一，莱特鲍恩（Lightbown，1998）在此论文集中专门讨论了形式聚焦时机的重要性，他认为形式聚焦时机既涉及心理语言学也涉及教学。从心理语言学来说，形式聚焦时机是指形式聚焦在学习者二语发展阶段中的时机，主要探讨形式聚焦的时机应该匹配学习者相应的二语发展阶段还是应该超前，且已有研究结果各异。这里二语学习者的母语是很大的影响因素。20世纪90年代以来，几乎没有关于心理语言学上的形式聚焦时机的研究，这可能是由于这方面研究的挑战较大，尤其是这些研究结果往往难以应用到学习者通常处于不同二语发展阶段的现实课堂（Spada，2011）。从教学上来说，形式聚焦时机是指在教学顺序中聚焦语言形式的合适时机，即在教学过程中何时吸引学习者注意语言形式是最佳的（Lightbown，1998；Spada，2011）。当前国外关于形式聚焦教学时机的研究还较少，国内相关研究更是空白。自斯巴达（1997）提出形式聚焦教学时机的研究问题之后，针对形式聚焦教学时机的讨论有很多，但大多局限于理论层面，在教学中控制形式聚焦教学时机或者检验形式聚焦教学时机在二语学习中效果的实证研究很少。后来斯巴达和莱特鲍恩（2008）根据形式聚焦的教学时机将形式聚焦教学分为了两类，一种是分离型形式聚焦教学（isolated FFI），一种是融入型形式聚焦教学（integrated FFI）。这两种形式聚焦教学都发生在包含对语言形式注意的以意义为主的教学中，但聚焦于语言形式的教学时机不同。分离型教学中学习者对形式的注意和交际练习及活动总是分开的，语言形式的教学出现在交际活动之前或之后；而在融入型教学中学习者对语言形式的注意总是发生在交际练习和活动之中。当前对形式聚焦教学时机的实证研究还较少，已有的少数研究结果也不一致，这里涉及斯巴达（2011）提到的第六个和第七个问题，即具体的语法点和不同学习者的影响。虽然斯巴达和莱特鲍恩（2008）依据时机将形式聚焦教学分成了两类，但他们认为分离型和融入型形式聚焦教学并不是绝对的，两者在大的学习环境中互为补充且受一系列因素的影响，其中很重要的两个因素就是具体的语法点和学习者因素。

语法点的影响对二语课堂研究者和教师都是一个重要因素，但当前还很少有研究探讨不同的教学方式对不同语言形式的效果。有研究者认为简单的语法点可以教，但较难的语法点由于过于复杂无法通过单纯的解释和练习来教而应该被隐性地学习（Krashen，1982），因此融入型形式聚焦教学可能更适合这些较复杂和较难的语法点。也有研究者观点与此相反，认为复杂的语法点难以在隐性学习中被注意到，因此需要单独的、显性的教学（Hulstijn，Graaff，1994），由此分离型形式聚焦教学可能更适合较难、较复杂的语法点。斯巴达和富田（Spada，Tomita，2010）对41项实证研究的元分析结果表明，相较于隐性形式聚焦教学，显性形式聚焦教学对简单和复杂结构的短期和长期效果都更好。但当前还没有研究探讨形式聚焦教学时机对不同语法点的效果。关于具体学习者因素，当前很少有研究探讨个体因素和教学因素之间的关系及其教学效果（Spada，2011），这里的个体因素包括很多具体的因素，如学习者的母语、年龄、发展阶段、语言水平和学习偏好等。这些因素中对实际课堂教学影响更大的是学习者的语言水平和学习偏好。关于学习者的语言水平，有学者曾提出对于语言水平较低的学习者，他们可能会更需要显性的、分离型的教学以帮助他们认识到意义和形式之间的关联（Ranta，2002）；而对于语言水平较高的学习者，他们可以更好地在交际任务中注意到某些语言形式（Lesser，2004），因此可能更适合融入型形式聚焦教学。但这些只是假设，目前还没有相关的实证研究探讨不同的语言水平和不同的形式聚焦教学时机之间的关系。教师和学生对语法学习的偏好也会影响具体的教学效果，当前关于教师和学生对语法学习整体偏好的研究表明教师和学生的观点往往不一致（Schulz，1996，2001），但有证据显示学习者更受益于和他们的偏好相符合的教学方式（Dörnyei，2005）。霍威茨（Horwitz，1990）指出，教师和学生关于语言学习信念之间的差异会导致学生缺乏自信并产生矛盾。斯巴达（2011）呼吁需要更多研究来探讨个体差异与教学类型及二语习得之间的关系。鉴于此，本书将对形式聚焦教学时机展开较为全面的实证研究，将知识类型、语法点难易度、学习者水平和师生偏好作为重要的影响因素，通过课堂准实验研究探讨不同的形式聚焦教学时机对较高水平和较低水平学习者在习得较难语法点和较易语法点时，学习者的显性知识和隐性知识的效果，然后通过问卷调查和访谈探讨教师和学生对形式聚焦教学时机的偏好。

此外，还需注意的是，尽管当前关于如何结合语法教学和交际语言教学的研究已有很多（Nassaji，Fotos，2011；Spada，2011），这些研究对二语教学的影响却很小，教师的语法教学很少被研究结果所改变（Larsen-Freeman，2015；Nassaji，Fotos，2011）。这一方面是因为研究的结果往往不一致，没有较统一的结论给相关机构和教师作为参考（Hinkel，2011）；另一方面是因为大多数研究并没有考虑教师的教学信念和教学实际（Borg，1999；Graus，Coppen，2015，2016）。教学是一个复杂变化的过程，教师的教学信念会直接影响教师实际的课堂教学（Borg，2003a，2011），而教师在教学中践行自己的教学信念时也会重组自己的信念。对教师的教学信念和实践展开研究并探究其影响因素可以为教师教育和教师发展提供更好的启示，对我们更好地理解语法教学至关重要（Borg，1999；Borg，Burns，2008）。因此，在对形式聚焦教学时机开展实证研究之前，本书将先对教师的语法教学信念和语法教学实践展开个案描述性研究，以更好地了解实际教学情况，在此基础之上再开展相应的课堂实验研究，这样能使课堂实验研究更切合实际从而能为课堂教学提供更好的启示。

以前，语法教学研究聚焦于ESL环境或沉浸式环境下的成人学习者，随着研究的发展，当前语法教学研究更关注不同教学方法对不同环境下不同学习者的效果，尤其是EFL环境下的年龄小的学习者。卡斯珀威茨和马斯登（Kasprowicz，Marsden，2018）指出，外语教学环境下输入比较匮乏，学生学习时间有限，因此需要研究外语教学环境下有效的语法教学。但当前针对输入匮乏的外语教学课堂中年龄小的学习者的语法教学研究还很少，卡斯拍威茨和马斯登（2018）因此探讨了基于输入的语法教学对年龄小的德语学习者的效果，结果表明，显性的、基于输入的语法教学对年龄小的外语学习者来说是有效的，而且对这类学习者而言语法练习是很重要的。卡尔扎达和噶丝娅（Calzada，Garcia，2021）探讨了小学生在完成合作听写任务过程中对语言形式的注意，对语言相关片段的分析结果表明，相较于意义，这些学生更多会注意到语法形式，而且相较于目标语法点，他们更关注其他语法形式。此外，大多数语法形式问题都被正确解决了且融入了写作之中。国内二语教学研究集中在高等教育研究上，对基础教育研究较少。而二语习得中关键期的影响很明显，越来越多研究表明，超过一定年龄的个体在语音和语法方面学习的能力会下降（DeKeyser，2000）。最近一项关于二语习得关键期的研究表明，语法学习的能力会随着年龄的变化而变化，到青春期晚期（17.4岁）之后开始急速下降（Hartshorne et al.，2018）。因此，对基础教育阶段的形式聚焦教学进行研究有重要意义。语法教学在英语教学中占有非常重要的地位，尤其在基础教育中。但当前我国对英语语法教学的研究很少，尤其是对基础教育阶段的英语语法教学研究更少。刘忠政和李西（2010）对我国1996—2007年关于英语语法教学的研究进行了梳理，结果表明，关于语法教学的研究较少（国内核心期刊只有16篇），且大部分（75%）是非实证研究，仅有的实证研究也局限在对大学非英语专业学生的语法教学上，对中小学研究极少。国内关于语法教学的研究还停留在个人经验总结或思考以及理论或方法的介绍，所用的研究方法大多是问卷调查但大多研究并没有对问卷进行信度和效度检验，语法研究的重复较多，切入点大多相似。直至现在，国内英语语法教学的研究依然以非实证研究为主，研究内容单一化、重复化，研究广度和深度不够，而且对中小学的研究很少。已有研究依然集中在理论和方法的探讨上，尤其是对基础教育阶段的语法教学还停留在个人经验总结或反思上（杨童瑶，杨敏，2013）。鉴于新语法知识的学习主要集中在初中阶段，本书对教师的形式聚焦教学信念和实践部分的个案描述性研究以及对形式聚焦教学时机的课堂准实验研究将聚焦于初中课堂和初中师生；而对师生对形式聚焦教学时机偏好的研究将探讨初中、高中和大学不同教育层次师生的差异以为不同教育层次的教学提供更好的启示。

1.2 研究内容概要

本书将围绕形式聚焦教学，探讨教师的教学信念与实践并在此基础上对形式聚焦教学的时机展开较为全面的实证研究，将知识类型、语法点难易度、学习者水平和师生偏好作为重要的影响因素进行探讨。书中的形式聚焦教学是指在以意义为主的二语教学中，所有为吸引学习者隐性或显性地注意语言形式的教学手段，其中对语言形式的注意既可以是即时的也可以是预先决定好的（Spada，1997）。形式聚焦教学时机是指在教学顺序中聚焦语言形式的合适时机，即在教学过程中何时吸引学习者注意语言形式是最佳的（Lightbown，1998；Spada，2011）。此外，“形式（form)”既可以指词汇（语音、拼写）也可以指语法、语用特征，本书只聚焦语法。这样做一方面是因为现有理论和研究在解释教学作用时都关注语法，语法教学也是教师和教育者最关心的话题，尤其在中国环境下语法依然是课程大纲的基础；另一方面是因为只关注语言中的一部分而不是不同环境中的语言整体更具可操作性，甚至是必要的（Larsen-Freeman，2003）。因此，本书中形式聚焦教学和语法教学被视为同义词（Pawlak，2006；Graus，Coppen，2016）。本书的研究分三个阶段进行：第一阶段（第4章）为更好地了解实际情况，能使后续的实证研究更好地结合教学实际并且能够提供切实可行的教学启示，首先进行个案描述性研究，对三位不同教龄的初中英语教师的课堂进行观察，然后对教师进行关于形式聚焦教学信念的访谈来探讨初中英语教师的语法教学实践、教师信念及影响教师决策的因素。第二阶段（第5章）在前一部分描述性研究的基础上对当前语法教学中的一个关键问题——形式聚焦的教学时机进行三项课堂准实验研究。鉴于新语法知识的学习主要集中在初中阶段尤其是初中二年级（即八年级），这一阶段的研究也在初中课堂中进行。第一项实验在前人研究的基础上（Elgün-Gündüz et al.，2012；File，Adams，2010；Spada，Lightbown，2008；Spada et al.，2014），探讨了形式聚焦教学时机的效果，并对比了分离型和融入型形式聚焦教学时机对高低水平学习者习得英语被动态的效果。实验从八年级选出三个自然班随机分为三组：控制组、分离组和融入组，每组划分为高水平组和低水平组，学生对被动态的习得效果通过改错题测量。实验二和实验三则在斯巴达和莱特鲍恩（2008）划分的分离型和融入型基础上将形式聚焦教学时机细分为前分离型、后分离型和融入型。实验二探讨了这三种形式聚焦教学时机对不同水平学习者习得较难语法点（形容词和副词比较级）时显性和隐性知识的效果。实验三探讨了这三种形式聚焦教学时机对不同水平学习者习得较容易语法点（一般将来时）时显性和隐性知识的效果。较难语法点和较容易语法点都是根据前期对师生的调查选出的，为不干扰正常教学秩序并最大程度地符合实际教学，所选语法点都是学生马上要学但还未学过的语法点。然后，从八年级中选出了三个整体水平相当的班，将三个班随机分为不同形式聚焦教学时机的实验组（前分离组、后分离组和融入组），并将每组细分为高水平组和低水平组。学生的显性知识和隐性知识分别通过错误改正测试和限时语法判断测试来测量。第三个阶段（第 6 章）进一步对师生关于形式聚焦时机的偏好进行问卷调查和访谈，为探讨初中、高中和大学不同教育层次的师生偏好有无差异，本阶段的问卷调查和访谈扩大了范围，既针对初中师生，又包括高中和大学师生，这样能更好地理解整体教育体系中师生的差异并发现问题。

1.3 研究的理论和现实意义

本书的研究首先以初中英语课堂为研究背景，对初中英语课堂中教师实际的语法教学及教师对语法教学的观点进行描述性研究，并在此基础之上开展关于形式聚焦教学时机的课堂准实验研究，然后以初中、高中和大学不同教育层次为背景探讨不同教育层次的师生对形式聚焦教学时机的偏好，从而形成对形式聚焦教学较全面的研究。其研究结果将拓展形式聚焦教学的理论视角和研究深度，同时弥补我国当前关于初中英语课堂研究的欠缺，并将对我国不同教育层次中语法教学的连续性提供较好的研究视角，从而对我国英语课堂中的语法教学实践提供较好的借鉴意义。

从理论上来说，形式聚焦教学时机作为形式聚焦教学研究中的一个核心问题还没有得到充分的研究，已有研究只关注了两种时机，即在交际活动或基于内容的教学活动开展之中聚焦语言形式（integrated FFI）和在交际活动或基于内容的教学活动开展之前聚焦语言形式（before-isolated FFI），而在交际活动或基于内容的教学活动开展之后再聚焦语言形式（after-isolated FFI）还没有得到重视，且当前还没有研究对比这三种不同的形式聚焦教学时机的效果。本书的研究在前人的基础上（Spada，Lightbown，2008）将对这三种形式聚焦教学时机进行较全面的探讨。此外，由于不同的形式聚焦教学时机对不同语言形式及不同水平学生的效果还没有得到充分研究，考虑到二语教学受许多因素的影响，本书的研究将对形式聚焦时机进行更全面、更深入的研究，为形式聚焦教学的进一步发展提供理论和实证支撑。

从实际应用价值来看，尽管关于形式聚焦教学的研究已经取得了很大进步，其对教师的教学启示依然相对有限（Graus，Coppen，2016），本书的研究对教师的信念与实践展开的探讨将为相关研究提供较好的基础也为教学提供更好的启示。此外，形式聚焦教学的时机也直接关系到实际课堂教学。当前形式聚焦时机的研究主要集中在把英语作为第二语言学习（ESL）的成人学习者，对把英语作为外语学习（EFL）的学习者研究较少，对正处在语法学习关键期的基础教育阶段的学习者研究更少。形式聚焦教学在国内还未引起重视，国内在形式聚焦教学时机这一方面更是少有研究。国内研究大多集中在高等教育上，对基础教育研究尤其是初中英语教学研究很少，已有的少数研究还停留在理论介绍或个人经验上。如帕瓦拉卡（Pawlak，2006）所说，现在迫切需要评估从二语习得理论和研究中衍生出来的各种教学选择的效用，同时考虑到本土教育环境的特殊性。本书对我国初中英语课堂中教师的语法教学实践与观点的研究和以此为基础的对形式聚焦教学时机的较全面的研究将对实际的初中英语课堂教学提供重要启示，对不同教育层次师生的偏好的研究也将对不同教育层次的语法教学提供良好的启示并反映教育的连贯性和其中存在的问题。

1.4 研究创新点

本书在认知理论基础上对形式聚焦教学展开了较系统和深入的研究，在研究环境与对象、研究范围和研究方法上都有所创新。

首先，已有研究主要聚焦于成人学习者，对语法能力处于关键期的青少年学习者的研究较少。本书以初中英语教师和学生为研究对象并由此扩展到不同教育层次的教师和学生，丰富了形式聚焦教学的相关研究，为将来进一步研究不同教育层次的教学提供了良好的基础，同时也弥补了我国当前忽视初中语法教学研究的不足。此外，对初中、高中和大学不同教育层次的师生的偏好与观点的研究形成了对形式聚焦教学时机较系统、完整的研究，为语法教学在不同教育层次的连续性和实施效果提供了一个较好的视角。

其次，本书对形式聚焦教学尤其是形式聚焦教学时机展开了较全面的研究，进一步扩宽了形式聚焦教学的研究范围。形式聚焦教学的效果受一系列因素影响，而已有研究较少将这些因素结合起来进行较全面的探讨。此外，已有研究大多数发生在实验室环境且忽视了教师的信念与实践，因而对实际教学影响有限。本书首先对教师的教学信念与教学实践进行了研究，然后对形式聚焦教学时机及其影响因素进行了较系统的研究。在已有理论和前期研究的基础之上，本书将分离型形式聚焦教学时机细分为前分离型和后分离型，然后对前分离型、后分离型和融入型这三种形式聚焦教学时机的效果进行了对比研究，同时探讨了不同难易度的语法点和不同学习者水平对不同形式聚焦教学时机的影响，在考查学生的学习效果时还对学生的显性知识和隐性知识分别进行了区分。本书细致而全面的研究进一步完善了形式聚焦教学的相关研究，也对实际教学提供了较好的启示。

最后，本书将多种研究方法相结合，首先通过课堂观察和教师访谈对初中英语课堂中教师的语法教学实践和教师的观点以及影响教师实践和观点的因素进行了描述性研究，这为后续的实验研究提供了良好的信效度基础。在此基础之上开展的课堂准实验研究尽可能地贴合了实际教学，在真实的课堂教学中进行，包括真实课堂中的教师、学生、教学时间、教学材料和过程。这种基于课堂的准实验设计有较好的生态效度，其结果能转移到真实环境中从而为二语教学提供更具说服力的教学启示。附录对不同教育层次师生开展的问卷调查和访谈则进一步完善了本书的研究，从而形成了一个较连续和完整的研究体系。

1.5　本书结构

本书共 7 章。

第 1 章为绪论，主要介绍本书的研究背景和主要研究内容，然后探讨了本书研究的理论和现实意义及本书研究的创新点，最后介绍了本书的框架结构。

第 2 章为文献综述，首先梳理了形式聚焦教学的定义和特点，并介绍了形式聚焦教学产生的背景及对形式聚焦教学作用的研究。然后论述了当前关于形式聚焦教学的主要研究点：一是对教师语法教学信念与教学实践的描述性研究；二是形式聚焦教学对不同类型知识的作用以及影响形式聚焦教学效果的因素的实证研究，包括教学时机、语法点复杂度和学习者水平，其中重点论述了形式聚焦教学时机。最后介绍了国内相关研究并对国内外已有研究进行总结，进而指出本书研究的必要性。

第 3 章为研究设计与实施，首先介绍了本书的三大研究问题，然后针对研究问题介绍了研究流程并详细介绍了三个研究阶段中的研究对象、每个阶段具体的研究方法和实施情况及数据处理与分析等。

第 4 章报告了第一阶段个案描述性研究的结果，即初中英语教师的形式聚焦教学信念与实践。本章包括三个部分，首先汇报了教师关于形式聚焦教学的信念，包括教师对语法、交际能力、形式聚焦教学 / 意义为主教学、形式聚焦教学时机、前摄性 / 反应性形式聚焦、显性 / 隐性教学、演绎 / 归纳教学和具体教学措施的信念；然后汇报了教师的语法教学实践，并对每位教师的教学实践进行了探讨；最后汇报了影响教师信念与实践的因素。

第 5 章报告了第二阶段课堂准实验研究的结果，即形式聚焦教学时机对不同语法点和不同水平学习者显性知识和隐性知识的效果。本章对三项实验分别进行了汇报，先详细汇报了每个实验中每个实验组的教学过程；然后汇报了形式聚焦教学时机对学习者习得该语法点的整体效果；又汇报了形式聚焦教学时机对高水平和低水平学习者的作用；最后进行了总结和讨论。

第 6 章报告了第三阶段问卷调查和访谈的结果，即不同教育层次的教师和学生对形式聚焦教学时机的偏好。本章首先汇报了量化研究结果，包括所有教师和学生对形式聚焦教学偏好的总体情况，以及不同教育层次的教师和学生的偏好的差异；然后汇报了质性研究结果，包括不同教育层次的教师和学生的偏好、观点和做法；最后对本章结果进行了总结和讨论。

第 7 章为总结与展望。本章首先对本书研究的主要发现进行了总结；然后论述了本书研究结果对形式聚焦教学研究的贡献和对实际教学的启示；最后提出本书研究存在的局限及未来可以进一步开展的研究。

第 2 章　形式聚焦教学综述

形式聚焦教学是近年来二语习得研究领域关注的焦点。形式聚焦教学是指任何被用来显性或隐性地吸引学习者在以意义为主的教学中注意语言形式的教学手段，其中对语言形式的注意既可以是即时、偶然的也可以是提前计划好的（Spada，1997）。研究者们一致认为，在以意义为中心的交际课堂中融入形式聚焦教学能够有效促进二语学习，提升二语学习者的准确度和流利度，使学习者的输出更接近目标语（D'Amico，2013；Lyster，2004）。因此，当今二语教学中学者们最关注的问题已不再是在交际课堂中是否应该引导学习者关注形式，而是如何和何时聚焦形式更有效（Ellis，2016；Spada et al.，2014）。国外研究者就如何聚焦形式进行了大量研究（Norris，Ortega，2000），但针对形式聚焦教学时机的研究却很少。此外，虽然形式聚焦教学对二语习得的作用已得到证实，对形式聚焦教学展开的研究也已经取得了较大进展，但当前形式聚焦教学对教师的教学影响却很有限，这一方面是由于关于形式聚焦教学研究的结果往往不一致（Hinkel，2011），另一方面是由于二语习得研究者往往忽视了教师的信念与实践（Borg，1999；Graus，Coppen，2015，2016）。鉴于此，本书首先对我国初中英语教师对形式聚焦教学的信念和实践展开探讨，在此基础之上对形式聚焦教学的时机问题及其影响因素展开较全面的研究，以期提供更好的教学启示。

本章为文献综述，首先梳理了形式聚焦教学的相关定义和特点；其次介绍了形式聚焦教学产生的背景和形式聚焦教学的作用；然后论述了研究教师对形式聚焦教学的信念与实践的必要性和已有的相关成果；随后综述了形式聚焦教学对不同类型知识的作用及影响形式聚焦教学效果的因素，包括教学时机、语法点复杂度和学习者水平，其中重点论述了形式聚焦教学时机；最后介绍了国内已有研究并对国内外已有研究进行总结，从而指出本书研究的必要性。

2.1 形式聚焦教学的定义和特点

形式聚焦教学（form-focused instruction，FFI）、语言形式聚焦（focus on form）、全形式聚焦（focus on formS）这些概念经常被混淆，不同学者的不同定义和理解直接影响研究的设计和结果。因此，本节首先厘清这些重要概念。当前被引用最多的形式聚焦教学的概念主要来自郎（Long）、艾利斯（Ellis）和斯巴达，他们的定义及分类各不相同，经常引起歧义，因此本书主要梳理了他们对形式聚焦教学的定义及相关分类。需要说明的是，本书对形式聚焦时机的研究基于斯巴达对形式聚焦教学的定义。此外，语言形式（form）包括语音、词汇、语法和语用等不同方面，本书主要关注其中最重要的语法方面。

郎（1991）最先提出语言形式聚焦（focus on form）的概念，用其指“在以意义或者交际为主的课堂中，明显地吸引学生对偶然出现的语言形式的注意”。郎（2015）后来对语言形式聚焦的概念有所调整，认为“语言形式聚焦包括在任务型教学的交际中，尤其是在学习者完成解决问题的任务时，反应性地使用各种教学步骤来吸引学习者注意在语境中出现的语言问题。”可以看到，郎关于语言形式聚焦的核心思想依然没有改变，即语言形式聚焦发生在以意义为主的课堂中，而且是反应性的。郎将语言形式聚焦（focus on form）区别于全形式聚焦（focus on formS），认为全形式聚焦是指传统意义上的语法教学，即以语言形式为教学大纲，课堂教学的主要目的是积累孤立的语言现象，课堂设计也以语言形式为中心。

艾利斯（2001）对形式聚焦教学（FFI）的定义最广，将其定义为“任何旨在引导语言学习者注意语言形式的有计划或偶然的教学活动”。因此，形式聚焦教学在艾利斯的定义里既包括基于结构大纲的传统语法教学方法也包括在以意义为主的活动中注意语言形式的方法，即涵盖了郎提出的语言形式聚焦和全形式聚焦。艾利斯（2001）进一步将形式聚焦教学分为三类：第一类是全形式聚焦（focus on formS），主要关注语言形式，对提前选择好的语言形式进行集中教学，即传统的语法教学模式；第二类是有计划的形式聚焦（planned focus on form），不同于全形式聚焦，其主要关注点在意义上而非语言形式，但也包括对提前选择好的语言形式进行集中教学；第三类是偶然的形式聚焦（incidental focus on form），其主要关注点也是意义，但不同的是，其对形式的注意广泛地分散在没有预先选择好的语言形式上。三者的区别（Ellis，2001）如表 2.1 所示。

表 2.1　三种形式聚焦教学的区别

FFI 的种类	主要关注点	语言形式的分布
focus on forms	语言形式	集中
planned focus on form	意义	集中
incidental focus on form	意义	广泛

斯巴达（1997）将形式聚焦教学（FFI）定义为“在以意义为主的二语教学中，任何为吸引学习者隐性地或显性地注意语言形式的教学手段，其中对语言形式的注意既可以是即时的也可以是预先决定好的”。也就是说，斯巴达定义下的形式聚焦教学既包括直接的语言教学，如通过语法规则讲解，也包括对学习者的错误做出的反应，如纠正性反馈。需要强调的是，斯巴达对形式聚焦教学的定义区别于艾利斯的定义。艾利斯的定义更广泛，包括了传统意义上的语法教学，而斯巴达的定义是在以意义为主的教学中。而且这个概念也区别于郎的语言形式聚焦。语言形式聚焦只包括对语言形式反应性的、即时的注意，而斯巴达的定义既包括即时的反应性（reactive）形式聚焦也包括预先决定好的前摄性（proactive）形式聚焦，也就是说，形式聚焦教学可以由老师事先计划好。另外，斯巴达定义下的形式聚焦教学既关注语言形式又关注意义，因此不同于传统的完全只关注语言形式的全形式聚焦。斯巴达和莱特鲍恩（2008）基于教学时机将形式聚焦教学分为分离型形式聚焦教学（isolated FFI）和融入型形式聚焦教学（integrated FFI）。

2.2 形式聚焦教学产生的背景及作用

在语言教学领域，语法备受关注。传统的语法教学方法主要包括语法翻译法（grammar translation method）、听说法（audio-lingual method）及其他基于结构的教学法。一直以来，第二语言的学习主要包括语法分析和翻译文本（Herron，1976；Rutherford，1987），即语法翻译法。语法翻译法兴起于18世纪晚期，盛行于19世纪，这一方法被广泛运用在二语课堂中，现今在许多地方尤其是在EFL教学环境中依然存在。语法翻译法聚焦于书面语，只关注语法规则和结构的学习，并将语言分为各个子系统，然后，通过演绎法显性解释规则，并通过背诵和翻译来进行教学，学习者主要通过将二语翻译为母语并通过背单词和语法规则来学习二语。这一方法中，语法是每节课的重要元素，学生掌握语法规则是学习的关键，如果学习者能较好地掌握语言形式，他们就被认为可以流利地掌握目标语（Trendak，2015）。19世纪末20世纪初，对外语的口头交流需求促使听说法和直接教学法出现。听说法依然聚焦于语法结构的学习而非真实交流技巧的发展，其认为记忆背诵语法结构对二语学习至关重要。听说法教学线性地呈现语法结构，从易到难，采用归纳法让学生通过例子和重复句子结构来学习语法规则，重点在于培养学生的口头能力。此外，还有一种基于语法的教学方法至今仍存在于许多二语课堂中，即PPP（presentation-practice-production）模式。PPP模式中语法教学被分为三个阶段，首先在呈现阶段介绍新语法规则和结构，然后在练习阶段给学生各种书面和口头的练习让学生重复和练习这些语法，最后在产出阶段让学生利用在前两个阶段学到的规则来运用该规则。基于语法的传统教学方法脱离语境，无法满足学习者的交际需求，学习者往往能掌握语法规则却无法在实际使用中达到很好的交际效果，因此这一方法被否认，语法在语言学习中的作用也被否认。传统教学视语法教学为显性呈现语法形式，认为学习者可以由此获得即时的语言使用知识的观点受到了质疑，研究者也意识到，了解一门语言不仅仅是了解其语法，因此语法教学从只关注语言形式转向了聚焦交际环境中聚焦意义和语言使用。

随着交际能力这一概念的提出（Hymes，1972），语法翻译法被意义为主的教学所取代。20 世纪 70 年代，ESL 学习者激增，这些学习者大多数懂语法规则却无法使用目标语进行交际，因此交际教学法兴起。交际教学法将语言学习的目标定为习得交际能力，即在真实生活交际中使用和理解意义的能力（Widdowson，1978）。交际教学法中没有正式的语法教学，只呈现给学习者很多包含目标语形式和词汇的、聚焦于意义的输入，学习者被认为可以像母语习得一样在理解和回应这些输入的过程中自动习得语言形式和词汇（Hinkel，Fotos，2008）。克拉申（Krashen，1982）提出的监控模式及他对习得和学习的区分对交际法有着重要影响。克拉申（1982）基于二语习得模型进一步提出语法教学是不需要的，足够的、可理解的目标语输入会让学习者自动习得。研究者们提出语法教学忽视了对学生交际能力的培养而且对学生的语法习得也并没有什么作用，因此二语教学应该不教语法（Krashen，1981，1993a；Krashen，Terrell，1983）。尽管交际法被认为是在语言教学中强调聚焦于意义的教学方式，其却没有既定的具体教学过程，课堂中交际法的实施通常被分为强、弱交际语言教学（Howatt，1984）。强交际法认为语言是通过交流来学习的，因此语言教学的最佳方式通过只聚焦于意义的活动来进行，也就是说，交际既是语言教学的目标也是手段。弱交际法认为教学的目标是交际，但学习者可以通过在交际语境中使用和练习来更好地掌握语言。强交际法涉及许多意义为主的教学方法，包括强调语言和内容融合的基于内容的教学法及早期主张只聚焦于意义的任务型教学。

随着研究的深入，有学者指出，语法能力也是交际中很重要的因素，而语法能力无法只通过有意义的输入而获得（Larsen-Freeman，1991）。研究者们发现，在意义为主的教学中，虽然学习者能达到较高水平的理解程度和二语输出流利度，学习者的语言准确度却很差（Ellis，1994，2002；Lightbown，1983；Long，1988；Spada，1997）。对浸入式课堂、交际教学及基于内容的语言教学环境的实验研究（Harley，1992；Long，Robinson，1998；Lyster，2004；Millard，2000；Sheen，2005）表明，当二语课堂完全是经验性的且以意义为主时，一些语言特征最终会无法发展到目标语水平，语言的准确性也不令人满意。此外，对课堂实际教学的观察也表明，在意义为主的教学中，某些语言知识和技能无法通过自然学习而获得，一些语言形式甚至永远不会被学习者所注意到，而一些非目标语形式却会保留从而产生石化现象（Lyster，1987；Spada，2006）。另外，虽然显性知识和隐性知识之间的联系依然存在争议，许多二语习得研究者却提出显性知识能促进学习者的二语习得，或者在学习者达到一定发展阶段时能转变为隐性知识（Ellis，1993）。当前研究也表明，无论是在显性的还是隐性的语法教学中学到的结构，学习者都需要足够的机会来练习和产出该结构。研究者和语言教师都认识到了将语言形式和意义相结合的形式聚焦教学的重要性。形式聚焦教学对研究者和语言教师来说都是很重要的，因为形式聚焦教学的研究既涉及二语习得领域中理论的创建和检验，也涉及对学习者来说最有效的语法教学方法，因此这一领域吸引了大量研究者的注意（Ellis，2001）。

经过30多年的发展，形式聚焦教学已经成为二语习得研究领域关注的一个焦点。课堂二语习得研究领域已经达成共识：将语言形式和意义相结合的教学才是对二语学习者最有效的（Spada，Lightbown，2008；Spada et al.，2014）。早期对形式聚焦教学的研究主要是探讨形式聚焦教学是否有效。课堂环境和实验室环境下的研究都已表明形式聚焦教学是有效的，无论是对二语词汇、语法还是语义（Kim，2012）。形式聚焦教学可以提升学习者对二语形式的注意（Radwan，2005），而成功地注意到二语形式可以促进学习者的吸收并正确使用二语形式，最终促进学习者更好地输出（Spada et al.，2005）。相关元分析研究（Norris，Ortega，2000；Spada，Tomita，2010）也表明，形式聚焦教学尤其是显性的形式聚焦教学对语言习得是有效的。但相关元分析研究中涉及的相关研究大多使用的是测量学习者显性知识的测试，对隐性知识的效果还存在争议。形式聚焦教学对显性知识的作用表现在学习者能够恰当地运用在形式聚焦教学中学到的整体的、未分析的语块，或者能够使用语法课上获得的元语言知识来监控输出（Spada，Lightbown，2008）。形式聚焦教学被证明可以使二语学习者达到更接近目标语的水平并获得更好的流利度和准确度（D'Amico 2013；Lyster，2004;Norries，Ortega，2000；Spada，Lightbown，

1993）。学习者在使用语言时，更好的流利度和准确度可能也会对隐性知识有作用。例如，在输出被监控或未分析的语言块时，学习者可自己创建一种输入和反馈循环，为他们提供语言样本，这些样本在他们发展阶段准备好后可能融入他们潜在的语法系统中（Lightbown，1998；Sharwood Smith，2004），在语境中恰当地使用未分析或被监控的语言也可以使学习者保持交流通畅从而使学习者可以接触到更多的输入（Krashen，1982）。此外，使用未分析语块的能力可以释放认知资源以使学习者处理外部输入（Ellis，2005）。技能习得理论（skill acquisition theory）更是提出，语言首先是以元语言知识即显性知识的形式获得的，然后通过重复的、有意义的练习，能最终自动化为隐性知识。二语习得研究和教学领域都已经认识到，既包含对意义的注意又包含对语言形式注意的教学才是最有效的（Spada，Lightbown，2008；Spada et al.，2014），当前研究重心已转移到如何和何时实施形式聚焦教学最有效，这涉及不同语境下不同类型的形式聚焦教学对不同学习者和不同知识类型的作用及其他影响形式聚焦教学效果的因素，同时关注教师对形式聚焦教学信念和实践的描述性研究也成为关注点之一（Ellis，2001；Nassaji，2016）。

2.3　教师对形式聚焦教学的教学信念与教学实践

随着二语习得理论的发展，从 20 世纪 90 年代初开始，关于形式聚焦教学的研究大量采用认知心理学中的信息加工和技能学习理论来进行研究，语法教学研究问题开始转向"是否有特定类型的语法教学更有效，如何能增强输入（正面证据）从而提升注意，哪种类型的反馈（负面证据）能提升习得"。针对这些问题，研究者采用不同方法进行了探讨，如范帕滕（VanPatten）的系列研究比较了输入加工和基于产出的教学对理解和产出的影响，其他实验研究则探讨了显性和隐性教学的区别和效果（DeKeyser，1994，1995；Graaff，1997），还有一些研究探讨了负面反馈对习得的效果（Tomosello,Herron,1988）。由此，20 世纪 90 年代涌现了大量旨在检测二语习得理论中的各种假说的实验类研究，这些研究很大程度上是理论驱动的，在严格控制的实验室进行，与教学的相关性并不紧密。这种理论驱动的实验室研究与教学驱动的研究有一定差异，无法得出最佳语法教学方法的一致结论，对实际教学启示有限。伯格（Borg）（1999）指出，这类研究完全忽视了形式聚焦教学中一个很重要的因素，即教师。最近的形式聚焦教学研究开始聚焦教师，关于教师的信念和教学实践的描述性研究也开始出现。教学信念是教师对教育教学、学习及学生相关概念的看法，这种观点通常是默认的，具有强烈的评价和情感成分，为行为提供基础并且难以改变（Borg，2011）。教师的实际教学是一个复杂变化的过程，教师的教学信念会直接影响教师实际的课堂教学（Borg，2003a，2011），而教师在教学中践行自己的教学信念时也会重组自己的信念，因此课堂不仅是学生学习的环境也是教师学习的环境，教师的教学信念和教学实践相互影响，两者存在辩证关系（Foss，Kleinsasser，1996）。对教师的教学信念和教学实践展开研究并探究各种心理、教学、机构和社会对其的影响可以得到更有针对性、更具体的研究问题，也能为教师教育和教师发展提供良好的启示，因此对更好地理解语言教学至关重要（Borg，1999；Borg，Burns，2008）。

针对教师的语法教学信念与教学实践，国外已有较多研究（Borg，2003b；高强，刘振前，2008），如伯格（1998，1999，2003a，2009）对教师的语法教学信念与实践进行了一系列研究，还有一些描述性研究探讨了教师在实际课堂中如何处理语言形式（Lyster，1998）。格拉斯和库珀（Graus，Coppen，2016）通过大规模问卷调查，调查了荷兰的作为EFL未来教师参加教师教育课程的本科生和研究生对语法教学的信念，重点是这些未来教师对二语习得中的四对主要理念的信念，包括以意义为主的教学和形式聚焦教学、形式聚焦和全形式聚焦、隐性教学和显性教学、归纳教学和演绎教学。结果表明，这些未来教师偏好于形式聚焦教学、全形式聚焦、显性教学和归纳教学，但高年级本科生和研究生有倾向于意义为主的教学、形式聚焦和隐性教学的趋势。格拉斯和库珀（2017）进一步通过焦点小组访谈调查了74名荷兰作为未来教师的EFL本科生和研究生对语法教学的认知，以及这些认知如何与针对学习者的认知相互作用。结果表明，这些未来教师普遍认为显性的、系统的和单独的语法教学不仅对语言准确性是必需的，对交际能力也是必需的。教师对意义为主还是形式聚焦教学的认知和对学习者特征的认知之间存在复杂的交互模式。教师对语法的作用的看法受他们对学习者自主性、动机、能力、需求和教学偏好的看法的影响。格拉斯和库珀（2017）指出，对这些的认识可以帮助外语教师教育工作者发现他们的学生是如何操作语法教学的，从而创造机会深入地、反思性地处理在语法教学课程中出现的问题及其与教学实践的联系。毛和科沃茨维特（Mao，Crosthwaite，2019）专门探讨了教师对书面纠错反馈的信念和实践符合度，研究结果表明，教师信念和实践在某些地方存在一致性，但有三大不一致的地方：大部门教师误认为他们主要提供直接反馈而在实践中提供的大多是间接反馈；教师认为他们经常在页边空白处标出错误总数，尽管在实践中从未这样做；教师们认为他们提供的关于全球问题的反馈更多，但实际上针对本地问题的书面纠错反馈比针对全球问题的书面纠错反馈更受关注。萨妥和奥延内德尔（Sato，Oyanedel，2019）也探讨了 EFL 环境下教师对将语法教学融入交际教学的信念，结果表明，教师普遍支持通过交际手段教语法，但教师的这些信念存在理论冲突、经验冲突和语境冲突。

关于语法教学信念与实践的研究普遍指出了学生（未来教师）对语法知识的欠缺，对比师生教学观点的研究也突出了教师和学生观点的差异。这些研究还发现，教师之前的语言学习经历对教师的语法教学信念和教学实践有很大的影响；此外，研究结果也充分反映了语法教学中教师的观点和教师知识的多层性及教师做出教学决策的复杂性，教师对语言、教学和学生的理解以复杂的方式相互影响从而决定教师采取的教学决策。但这些研究大多发生在 ESL 环境中，主要是针对大学或私立学校的母语教师，他们的学生通常是学习动机较高的成人学习者且课堂规模较小，这些都与 EFL 环境下的公立学校有很大差异。当前针对 EFL 环境下的公立学校教师尤其是小学和初中教师的语法教学信念与实践的研究还非常有限（Borg，2003c）。伯格（2003c，2009）提出，环境因素例如规定的课程、时间限制及考试等都会影响教师的教学实践与自己教学信念一致的程度，更好地理解影响语言教师行为的因素（包括教学机构、社会、教学和心理等环境因素）对更好地理解教师教学信念和实践的关系至关重要。因此，伯格（2003b，2003c）呼吁，需要更多研究来探讨不同语言教学环境下教师的教学信念和教学实践并探究影响它们的认知和环境因素。

我国就整体外语教学开展的教师教学信念与实践的研究已取得一定成果（窦岩，2015；楼荷英，寮菲，2005；覃成强，2007），但专门针对教师的语法教学信念和实践的研究却很少。高强和张洁（2010）对328名大学英语教师进行了问卷调查和个案访谈以调查他们的语法教学信念，结果表明，大学英语教师们既接受交际语法教学又肯定传统的语法教学，研究兴趣、性别和教龄等都对他们的语法教学信念产生影响。高强和张洁（2010）指出，对教师信念展开研究是对二语习得研究的有益补充，能为语法教学研究提供教育学的视角。为进一步探究外语教师的教学信念和教学实践的关系，高强和秦俊红（2010）以问卷调查形式研究了396名大学英语教师的语法教学信念与教学实践，然后对其中6名教师进行了个案研究。结果表明，大学英语教师的教学信念与教学实践存在一致性，两者相互影响。由于受环境影响，且由于教师在阐述自己的教学信念与进行教学实践时使用的理论知识不同，两者之间也存在差异。高强和秦俊红（2010）提出，基于课堂的二语习得研究应该重视教师自身的教学信念和实践并意识到教学环境的影响，这样才能提供更具说服力的教学启示。

我国当前语法研究大多集中在大学环境，语法作为基础教育阶段重要的教学点目前还未引起重视。二语习得关键期的研究表明，对于语法学习能力正处于关键期的青少年进行研究非常重要。国内当前对教师信念和教学实践的研究较国际水平还有很大差距，尤其是对基础教育阶段的研究还非常匮乏。鉴于此，本书研究将首先对初中英语教师对形式聚焦教学的教学信念和教学实践展开调查，在此基础上再展开形式聚焦教学的课堂实验研究以提供更具说服力的教学启示。值得说明的是，在教师信念研究中，不同的数据获取方法会产生不同的回应结果（Borg，2006），通过问卷调查获得的教师的教学观念往往反映的是教师的理想信念（what should be），而通过对教师实际教学中的实践进行讨论获取的教师信念数据植根于现实，反映的则是教师的实际教学信念（what is）。根据教师的教学实践来获取并理解他们的教学信念能更真实地反映教师信念和实践之间的关系。因此，本书首先将对教师的教学实践先进行观察，然后在此基础之上对教师的教学信念展开研究。在对教师的教学信念和实践研究的基础之上，本书将对形式聚焦教学展开实证研究。

2.4　形式聚焦教学对显性知识和隐性知识的效果

语言教学的最终目标是提升学习者的二语习得。二语习得研究有两个主要目标，一是界定和描述二语语言知识，二是解释二语语言知识是如何在外部和内部因素的影响下逐步提升的（Ellis，1994）。关于语言知识主要有两大观点，第一种是内在论（innatist theory）的观点，其认为语言知识包括在普遍语法和学习规则的帮助下从少有的输入中得到的某种语言特征知识；一种是联结主义（connectionist）的观点，其认为语言知识包括一系列精心设计的节点网络和不同强度的节点间的连接，可以轻松地获得特定的顺序或规则。虽然这两种观点是对立的，但两者都认为语言能力包括显性知识和隐性知识（Ellis，2005）。显性知识是关于语言的知识（knowledge about language）（Ryle，1949），通常需要有目的的学习，是有意识且陈述性的（Ellis，1994）。因此二语习得中显性知识通常通过正式的二语学习而获得（Krashen，1981）。显性知识通常是元语言的，学习者有了显性知识就能说出他们认为某个句子正确还是错误的原因，尽管不总是准确的（Ellis，2015）。隐性知识是关于如何使用语言的知识（how to use）（Ryle，1949），通常是默会的、无意识的，也就是说，学习者通常不会意识到自己所知道的知识，隐性知识只有在学习者无意识地运用或产出语言时才会显现（Ellis，2005）。因为隐性知识可以自动化加工，所以隐性知识是程序性的，且通常难以言述。在二语习得中，隐性知识被认为可以在意义为主的教学中有效习得，因为意义为主的教学旨在吸引学习者注意意义。有关意义为主的教学的研究发现，学习者在聚焦二语意义时会使学习者获得隐性知识，这些研究表明，意义为主的教学对形式和意义的映射有学习效果（Leung，2007；Williams，2005），对词汇学习有效果（Laufer，1997；Laufer，Hulstijn，2001），对语法学习也有效果（Rebuschat，Williams，2006；Robinson，1996，2005），但意义为主的教学中学习者获得的也有可能不是隐性知识而是显性知识。形式聚焦教学中学习者显性地注意二语形式，因而更能使学习者获得二语的显性知识，但也可能使学习者获得隐性知识。尽管当前形式聚焦教学已被公认可以有效促进二语学习，但形式聚焦教学对显性和隐性知识的效果却是二语习得领域一个长期存在的问题。有研究者认为形式聚焦教学只对显性知识有用而对隐性知识没有作用（Krashen，1993b，1994），但也有研究者认为形式聚焦教学能促进隐性二语知识的发展甚至隐性知识的发展，所必需的（Ellis，2002）。

二语习得研究者都认为显性知识和隐性知识是不同的，二语能力主要包含关于如何使用二语的隐性知识，但关于显性知识对隐性知识的作用当前还没有结论。判断显性知识对隐性知识的作用从教学上来说是很重要的，因为这决定了形式聚焦教学的有效性（Kim，2012）。对于显性知识和隐性知识之间的关系主要有三种看法。第一种是无接口观点，其认为显性知识和隐性知识涉及不同的习得机制，且存储在大脑不同的部位，由不同的加工过程所获得（Ellis，1993；Hulstijn，2002；Krashen，1981，1993b；Paradis，1994），因此显性知识不可能转换为隐性知识而隐性知识也不可能变得显性。根据无接口观点，显性知识对隐性知识没有作用，因而教学（如包含显性语法讲解和纠正性反馈的形式聚焦教学）对隐性二语知识没有作用，而隐性学习和偶然学习（如自然的二语接触和意义为主的教学）是学习者获得隐性知识并提高二语能力的主要方法。第二种是强接口观点，其认为隐性知识可以转换成显性知识而显性知识也可以通过练习转换为隐性知识。也就是说，学习者首先学习某个规则的陈述性知识，然后借助练习可以转换为隐性的知识。强接口观点由史密斯（Smith，1981）首次正式提出，随后由德凯泽（DeKeyser，1998）所提倡。其主要依据是技能习得理论，即技能习得包括陈述性知识转换为程序性知识的过程。根据强接口观点，二语习得中隐性知识的习得可以由显性知识所驱动，只要有足够多的练习机会，显性知识就可以转化为隐性知识，因而显性的形式聚焦教学可以通过提供大量练习的机会来提升学习者的隐性知识。第三种是弱接口观点，其认为显性知识可以变为隐性知识，但就何时及如何变为隐性知识有不同的看法，有研究者认为只有在学习者准备好习得某种语言形式时显性知识才会通过练习转换为隐性知识（Ellis，1993），也有研究者认为显性知识可通过促进某种相关的加工过程间接地促进隐性知识的习得（Ellis，1994），还有研究者认为学习者可使用显性知识来输出而这种输出又成为隐性知识获得的自动输入（Schimidt，Frota，1986）。根据弱接口观点，显性形式聚焦教学能让学习者注意到目标语法点并帮助学习者建立二语形式和意义的关联从而促进二语加工，最终促进隐性知识的习得（Kim，2012）。

艾利斯（2002）在对相关研究进行回顾后发现，形式聚焦教学对学习者准确使用语法规则有显著效果且效果较持久，无论是对成人学习者还是青少年学习者。形式聚焦教学能促进学习者的隐性知识发展。相关研究还表明，形式聚焦教学的效果受一系列因素的影响，如学习者的年龄、目标语法结构、教学类型和教学时长。艾利斯（2002）认为，研究者需要找出能使形式聚焦教学促进隐性知识发展的因素，这样能帮我们更好地了解形式聚焦教学对哪些学习者有效从而更好地设计适合学习者的形式聚焦教学。

2.5　影响形式聚焦教学效果的重要因素

尽管当前二语习得研究已经表明形式聚焦教学尤其是显性的形式聚焦教学能有效促进二语学习（Spada，2011），但有实证研究却表明显性形式聚焦教学并不总是有效的，形式聚焦教学的效果受一系列和学习环境相关因素的影响（Kim，2012）。例如，有研究表明形式聚焦教学的效果取决于何时进行显性的形式教学，即形式聚焦教学的时机（Henry et al.，2009；Sanz，Morgan-Short，2004；Spada，2011；Stafford et al.，2011）。形式聚焦教学的效果还取决于目标语法点的复杂度（Graaff，1997；DeKeyser，1995；Doughty，Williams，1998；Housen et al.，2005；Robinson 1996）以及学习者的个体因素（Hulstijn，Graaff，1994），尤其是学习者一语的影响和学习者的二语水平的影响（Spada，2011）。这些因素可能会相互影响，从而使形式聚焦教学的效果复杂化。当前很少有研究较系统地考察这些影响形式聚焦教学效果的因素，对于何时进行形式聚焦教学以及在何种学习环境下、对何种语法和何种学习者而言形式聚焦教学的效果更佳还无法得出结论。因此，需要更多的研究在探讨形式聚焦教学效果时考虑这些影响因素。本书研究聚焦于其中的三个影响因素：形式聚焦教学时机、语法点难易度和学习者二语水平。

2.5.1 形式聚焦教学时机

认知心理学领域的研究表明，显性形式聚焦教学的效果会受在意义为主的教学中聚焦语言形式的时机的影响（Mathews et al.，1989；Reber et al.，1980），这为研究显性知识和隐性知识的关系提供了新的研究视角。瑞伯等（Reber et al.，1980）开展了两个实验来探讨习得复杂知识时显性加工和隐性加工的关系，其中第一个实验研究了目标语法结构突显度的影响，第二个实验则研究了时机变量的影响，即显性教学在学习中何时出现效果会更好，这涉及显性和隐性学习的结合和顺序，也就是显性和隐性学习如何结合才能对学习者学习新且复杂的语言规则更有效。这里的显性学习是让受试者接受人工语法（artificial grammar）的训练，而隐性学习是让学习者快速地观察关于语法的一系列例句。瑞伯等（1980）提出关于时机这个变量的作用缺乏充分的理论基础，因而无法预测。形式聚焦既可以出现在最开始，也就是在学习者观察例句之前就呈现语法结构规则，这样可以让学习者注意到例句中的突显方面；也可以出现在学习者观察例句之后，即在最后呈现语法规则，这样可以使学习者基于例句形成对语法的隐性知识。基于此，75 名大学生被分为五组学习一种人工语法，其中显性组中的受试者通过实际的语法原理图来学习相应的语法规则，受试者接受关于这些语法规则如何形成字符串的解释并通过五个例子加深理解，然后被要求自己产出三个新字符串；隐性组中受试者观察 21 个随机的语法例子，这些例子只在屏幕上显示 7 秒，随机出现 3 次；另外三组将显性和隐性学习结合，显性 – 隐性组中受试者先接受显性学习学习规则再接受隐性学习观察例子，隐性 – 显性组中受试者先接受隐性学习再接受显性学习，隐性 – 显性 – 隐性组中学习者在观察例句时进行显性学习。研究结果显示，显性教学的时机不一样，受试者的学习效果也不一样，其中最佳时机是让学习者在一开始就显性学习语法的规则，然后再观察例句进行隐性学习。此外，隐性和显性学习相结合比单独的隐性学习或显性学习效果更好。马修斯等（Mathews et al.，1989）也对显性学习和隐性学习的顺序和时机进行了研究，这里显性学习是让受试者背例子而不告诉他们其潜在的语法规则，隐性学习是呈现给受试者无效的字符串让受试者通过标记每个字符串中的错误字母来自己寻找语法规则。受试者被分为五种学习条件组：显性组、隐性组、隐性 – 显性组、显性 – 隐性组和隐性显性交替组。他们也发现，隐性和显性学习相结合比单独的隐性或显性学习效果更好。但关于时机，其结果却与瑞伯（1980）的结果相反。他们发现，先进行隐性学习再进行显性学习的效果更好。马修斯等（1989）对此的解释是过早地形成假设可能会阻止学习者最好地利用信息，对于复杂任务，最好先让学习者通过观察进行隐性学习，再接受正式教学。两者对时机研究的结果不同也和目标语法规则的复杂度有关，这意味着目标形式的复杂度可能会影响相同教学方法的效果（Kim，2012）。这两项研究都证明，显性学习和隐性学习相结合比单独显性或隐性学习的效果要好，显性学习和隐性学习的效果可能会相互影响。两个研究中不同的时机产生的效果不同，这说明时机可能是影响二语习得中显性教学效果的重要因素（Kim，2012）。

形式聚焦教学时机也是二语习得领域关键的研究问题。二语习得中形式聚焦教学时机是指在教学顺序中聚焦语言形式的合适时机，即教学过程中何时吸引学习者注意语言形式是最佳的（Lightbown, 1998）。对当前二语教学来说，最重要的问题已不再是在意义为主的课堂中是否应该引导学习者关注形式，而是如何和何时聚焦形式更有效（Ellis 2016；Ellis et al. 2001a；Spada et al. 2014）。正如艾利斯（Ellis）（2001b）等所说，如果学习者要从形式聚焦教学中受益，研究者需要更好地了解如何和何时在课堂中聚焦语言形式。当前，国外研究者就如何聚焦形式进行了大量研究（Doughty，Williams，1998；Norris，Ortega，2000；Spada，1997，2011），但针对形式聚焦教学时机的研究却很少。20 世纪 90 年代末，斯巴达（1997）在关于形式聚焦教学对二语习得影响的综述文章里将形式聚焦教学时机列为关键的研究问题之一；当缇和威廉姆斯（1998）在他们关于课堂二语习得中形式聚焦教学的论文集中也专门讨论了形式聚焦教学时机的重要性，但十多年之后，关于形式聚焦教学时机依然局限在理论讨论和争论中，少有实证研究探讨其与二语学习的关系（Spada，2011）。当缇和威廉姆斯（1998）在他们关于形式聚焦教学的论文集中集中讨论了四个关键问题，第一个就是形式聚焦教学的时机问题。在这个论文集中，学者们从理论上探讨了不同形式聚焦时机的可能性。例如，莱特鲍恩（1998）提出了形式聚焦时机的两个方面，第一方面是形式聚焦应该和学习者的中介语发展阶段一致还是超前，第二方面是在教学中形式聚焦应该和交际活动分离还是被融入交际活动。当缇和威廉姆斯（1998）则讨论了语言形式、意义和功能应该被同时融合还是按顺序进行。当缇在2001年进一步从认知视角概括了四种可能的形式聚焦时机：形式聚焦在前，即通过提前教相应的形式等方法来使学习者在参与交际任务之前就注意到特定的形式；同步加工，即同时注意形式和意义；在加工过程中转移注意力，即暂时选择性地将注意转移到形式上；即时的偶然形式聚焦，即通过重述等方法来吸引学习者注意之前话语中的某一特定形式。艾利斯（2016）认为，当缇提出的四种时机在课堂环境中都有可能出现，而且无论从心理语言学还是从教育学视角都很有必要研究这些不同的时机。但迄今为止，还没有研究将这四种时机进行对比分析以找出何种形式聚焦教学时机效果更好，其中一个可能的原因是这四种时机分界并不清晰，如即时的偶然形式聚焦可能只是暂时将注意力转移到形式上，因此无法在实际的教学和研究中区分来进行对比。至此，关于形式聚焦时机的研究依然很少。

2008年，斯巴达和莱特鲍恩提出了直接和教学时机相关的两种形式聚焦教学：分离型形式聚焦教学和融入型形式聚焦教学。基于斯巴达（1997）对形式聚焦教学的定义，这两种教学都发生在包含关注语言形式、以意义为主的课堂中，只是聚焦形式的时间和方式不一样。分离型形式聚焦教学中，对语言形式的注意与交际活动是分开的，语言形式的教学出现在交际或基于内容的教学活动之前或之后；而在融入型形式聚焦教学中，学习者在交际或基于内容的教学活动进行中注意语言形式，形式和意义相互融合。斯巴达和莱特鲍恩（2008）认为分离型形式聚焦教学和融入型形式聚焦教学并不是对立的，没有必要在这两者中做选择，而应该探讨这两种时机在哪种教学条件下对哪种学习者效果更好。分离型和融入型形式聚焦教学都可以被预先计划好，都可以包含显性的、演绎式的教学，且都使用纠正性反馈、元语言术语、语法规则陈述和解释等教学策略（Spada，Lightbown，2008；Spada et al.，2014；Valeo，Spada，2016）。分离型形式聚焦教学对语言形式的注意与交际活动是分开的，但所关注的语言形式与所进行的交际活动是紧密相关的，因此，不同于传统的语法教学，传统的语法教学只关注教学大纲中孤立的语言形式，与交际活动并没有紧密联系。分离型形式聚焦教学基于这样一种观点：有时需要在以意义为主的活动中将学习者对语言形式的注意分离出来（Spada et al.，2014）。这里需要注意的是，分离的语言形式聚焦既可以发生在交际活动之前也可以发生在交际活动之后。融入型形式聚焦教学中，学习者对语言形式的注意发生在交际或基于内容的活动进行之中，所聚焦的语言形式既可以是老师提前计划好的也可以是在交际过程中偶然出现的。融入型形式聚焦教学可以采取各种教学方法，如简单的解释、纠正性反馈、显性的语言形式讲解、输入增强等。需要强调的是，分离型形式聚焦教学不同于朗（1991）提出的全形式聚焦（focus on formS），全形式聚焦是指传统意义上的语言教学，即呈现或练习从结构大纲中提取的语言点，通常与交际活动无关；而分离型形式聚焦教学虽然对语言形式的注意与交际活动是分开的，两者却紧密相关。融入型形式聚焦教学也不同于朗（1991）最初定义的语言形式聚焦（focus on form），朗的语言形式聚焦只包括交际活动中的反应性（reactive）形式聚焦，即聚焦形式是为了解决学习者与教师或其他学习者交流中出现的问题；而融入型形式聚焦教学既包含反应性也包括前摄性（proactive）的形式聚焦，即对语言形式的注意既可以是偶然出现的，也可以是由老师提前计划好的。

斯巴达和莱特鲍恩（2008）区分分离型和融入型形式聚焦教学的理论基础主要来自于迁移适当加工理论（transfer appropriate processing，TAP）。迁移适当加工理论源于认知心理学，由诺蒂格（Roediger，1990）提出，是对信息加工理论（information processing theory）（VanPatten，1996，2002，2007）的发展。该理论认为，人的大脑容量有限，大脑加工信息的能力有限，当大脑在检索信息时使用的认知加工过程与之前在学习中使用的加工过程相匹配时，记忆能最有效、最容易地被存储和检索（Roediger，1990）。因此，当学习者在完成一个任务时，如果检索信息的加工过程与之前在学习中使用的加工过程相同，学习者就能更好地检索到相关信息（Franks，Bilbrey，Lien，McNamara，2000；Morris，Bransford，Franks，1977）。迁移适当加工理论对信息加工理论的发展在于，其认为当我们在学习某事时，我们不仅会记下所学习的东西还会记下这个学习过程中所使用的加工和感知过程；因此，当我们试图记起之前所学过的这个东西时，与之相关的认知过程也会被激活，我们同时也会记起这个学习的过程（Spada et al.，2014）。斯噶罗维斯（Segalowitz）等人将适当迁移加工理论引入二语习得研究中（Segalowitz，Gatbonton，1995；Segalowitz，Lightbown，1999），据此，迁移适当加工理论对二语习得的启示是，如果学习包含与稍后要被激活的认知过程相匹配的认知过程，学习就能适当迁移，因此学习应该发生在能促进这一迁移过程的环境之中。基于此，斯巴达和莱特鲍恩（2008）预测，通过融入型形式聚焦教学所获得的知识在同时关注语言形式和意义的语言测试中（如完成一个交际任务）能更容易地被检索到；而通过分离型形式聚焦教学获得的知识在与意义分开的、单独的语言形式测试中（如完成一个语法测试）能更容易被检索到。

二语习得领域对融入型形式聚焦教学的支持有很多。朗（1983）提出的互动假说认为，二语习得是学习者与其他说话人特别是语言水平比自己高的人互动的结果，当学习者有机会就理解中出现的问题进行意义协商时，形式注意才会出现在以意义为中心的交际环境中。因此，对语言形式的聚焦应该完全被融入正在进行的交际互动之中（Long，1991）。二语习得的其他概念如形式协商（Lyster，1994）、元话语（Swain，Lapkin，2002）也指出，在交际性语言使用中注意语言形式是有益的。来自 ESL 的交际教学和基于内容教学的课堂研究也表明，教师在交际互动的活动进行中聚焦，学生对特定语言形式的注意比不聚焦语言形式或只进行单独的语法教学效果更好。如莱特鲍恩和斯巴达（Lightbown，Spada，1990）在这样的课堂环境中研究了形式聚焦教学和纠正性反馈的效果，结果表明，在交际课堂中提供即时的、融入的形式聚焦教学能最有效地提升学生的准确性、流利度和整体的交际能力。斯巴达和莱特鲍恩（1993）的另一项准实验研究进一步证明，在交际环境中融入形式聚焦教学和纠正性反馈能对二语发展产生短期和长期的效果。皮卡（Pica，2002）关于主题内容效果的研究表明，形式聚焦应该被融入基于内容的课堂中以丰富内容学习并更好地满足学生需求。泊里奥和梓兹科（Polio，Zyzik，2009）探讨在大学西班牙文学课堂中融入语言形式聚焦的研究也表明，需要将语言形式融入基于内容的教学课程中。但是，这些研究并没有将形式聚焦教学的时机作为研究的变量，也就是说，没有在教学过程中控制形式聚焦教学的教学顺序。

一些学者认为，在学习者的交际活动中打断他们让他们注意语言形式会打消学生的积极性，因此，有必要通过分离的活动来聚焦形式。对分离型形式聚焦教学的支持主要来自技能习得理论，该理论认为，应该最先发展陈述性知识，然后这些知识才能程序化。基于此，德凯泽（Dekeyser，1998）提出，首先应该显性地教语法以让学习者达到最大化理解，然后进行相关练习来巩固该语法，这样学习者就能在交际练习中轻松地记起该语法。信息加工理论也从反方面为分离型教学提供了理论支持，该理论认为人类大脑的加工能力有限，同时注意形式和意义是很困难的。范帕滕（1990）的研究就表明，同时注意形式和意义对于学习者，尤其是对于早期阶段的学习者是很困难的。范帕滕（1996）因此认为，在以意义为中心的交际活动中，学习者尤其是初学者经常会无法注意到语言形式，所以需要采用必要的干预手段来帮助学习者注意到相关的语言形式。关于分离型形式聚焦教学并没有很多实证研究。劳弗（Laufer，2005）在对比了一系列形式聚焦的相关研究后发现，学习者在将意义加工和语言形式分开处理的教学中比在意义中融入语言形式的教学中进步更大。劳弗（2006）的实证研究也表明，分开地处理语言形式有利于二语的词汇学习。

如上所述，虽然分离型和融入型形式聚焦教学得到了不同理论和实证研究的支持，直接对比两者对二语学习效果的研究却较少。菲莱和亚当斯（File，Adams，2010）对比了分离型和融入型形式聚焦教学对 ESL 阅读课堂中词汇学习的影响。来自大学预备学术英语课程的两个班共 20 位 ESL 成人学习者参与了该研究。该研究采取前测、即时后测和延时后测的研究设计，每个班都接受两个分别使用分离型和融入型形式聚焦教学的阅读课，在阅读课中学生阅读一篇文章并学习里面的词汇。在分离型教学的阅读课中，老师先教学生文章里的单词然后对文章进行阅读。在融入型教学中，老师在阅读文章的过程中教单词。每节阅读课结束后学生立刻进行词汇知识量表测试。每节课加词汇的即时后测约 55 分钟，两周后进行延时后测。结果表明，分离型和融入型形式聚焦教学都能促进学生的词汇学习，尽管两者之间不存在显著性差异，但从总体趋势上看，分离型教学情况下学生的学习效果更好。埃尔衮 – 衮杜兹等（Elgün-Gündüz et al.）（2012）以土耳其两所私立小学六年级的 EFL 学习者为研究对象，观察并对比了一所实施分离型教学学校的 50 名学生和另一所实施融入型教学学校的 70 名学生。研究者对每个学校进行了一周两小时、为期八个月的课堂观察。在学期开始前学生接受前测，观察结束后进行后测。此外，学生对分离型和融入型形式聚焦教学的看法和偏好也通过问卷进行了研究。结果表明，接受融入型教学的学生在词汇、语法和写作上都比接受分离型教学的学生表现更好，问卷调查和访谈结果也显示，学生更喜好融入型教学。但是该研究对两所不同学校的学生进行对比，其教学效果会因为学校环境和任课教师的不同而不同，因此其可比性有待商榷。斯巴达等（Spada et al.，2014）开展的一项课堂准实验研究比较了这两种教学时机对二语语法的隐性和显性知识的影响。研究对象是无学分的社区 ESL 项目中的成人学习者。来自四个班的共 109 名 ESL 成人学习者和四位老师参与了实验。其中两个班接受关于被动语态的融入型教学，另外两个班接受分离型教学。该研究也采取前测、即时后测和延时后测的研究设计，一项写作错误改正测试和一项基于图片的口头产出测试分别被用来测量学生的显性知识和隐性知识。即时后测和延时后测结果均显示，两种教学时机都对学生的二语学习起到显著促进作用，两者之间没有显著差异，但是融入型教学在口头输出任务（隐性知识）中的效果稍好，而分离型教学在错误改正任务（显性知识）中的效果稍好。可以看到，当前对比分离型和融入型形式聚焦教学时机的研究还很有限，已有研究的研究对象为成人或小学学习者，所采用的研究方法不一样，所得结果也不一致。因此，本书研究在这些已有研究的基础之上开展第一项课堂准实验研究，探讨分离型和融入型形式聚焦教学时机对我国初中生语法习得的效果。

所有上述对比分离型和融入型的实证研究只研究了分离型形式聚焦教学

中的一种情况，即前分离型形式聚焦教学（before-isolated FFI），也就是在交际活动进行之前聚焦语言形式。根据斯巴达和莱特鲍恩（2008）的定义和理论，分离型形式聚焦教学还可以在交际活动结束之后再聚焦语言形式，即后分离型形式聚焦教学（after-isolated FFI），但这种教学时机很显然还没有引起研究者的重视。如前所述，认知心理学领域的研究表明，前分离型和后分离型的效果不一样，尤其是对复杂度不同的语法点（Mathews et al.，1989；Reber et al.，1980）。但当前二语习得领域关于后分离型形式聚焦教学的研究却很少，主要是通过学生在交际活动结束之后转写自己的录音的形式来研究反应性的形式聚焦，结果表明，转写任务的确有益于学生的语言学习（Lynch，2007；Stillwell et al.，2010）。但转写任务只适合于成人学习者或水平较高的学习者，对水平较低或初级学习者而言基本无法实施，而且在交际活动完成后聚焦语言形式的方法也不只反应性的形式聚焦。辛塔丽（Shintani，2017）专门研究了分离型形式聚焦教学的时机对对目标语法点有着不同先验知识的学习者的显性知识和写作准确性的影响，123 名日本的大学英语学习者被分为两组，一组对目标语法点——与过去的事实相反的条件句，有一定的先验知识，一组没有先验知识。每一组又细分为四组：第一组在学生完成写作任务之前先给学生 5 分钟时间看相关语法点的显性讲解的资料并在写作过程中可以参考该资料，第二组也在写作之前看语法资料但写作中无法参考该资料，第三组在写作任务完成之后再看该资料并据此修改自己的文章，控制组（第四组）只完成写作任务。结果显示，分离型教学的效果也取决于不同的时机（之前还是之后），在任务前聚焦语言形式能提升学习者的显性知识，尤其是对于没有先验知识、水平较低的学习者；而任务中和任务后聚焦语言形式对已有先验知识的学习者而言效果更好。辛塔丽（2017）认为，就实际教学而言，需要更多研究关注形式聚焦教学的时机问题，尤其是任务前和任务后聚焦语言形式的效果。前面提到过，支持分离型形式聚焦教学的一种观点认为，教师不应该在学习者进行交际活动时打断他们、让他们注意语言形式，从而打消学生的积极性，而应该在交际活动结束之后再聚焦语言形式（Scrivener，2005）。从理论和实践上都可能而且也有必要在交际活动结束之后聚焦语言形式（Carless，2012；Willis，1996）。有研究也证实，在交际活动之前和之后聚焦语言形式对学习者的学习效果也有所不同，如斯克汉和福斯特（Skehan，Foster，1997）比较了任务前计划和任务后活动在三种不同的任务类型中对学习者的语言流利度、准确度和复杂度的效果。结果表明，在不同任务类型中任务前计划对学习者的语言流利度有较大作用，对准确度和复杂度也有明显的效果；而任务后活动效果较弱，只部分提升了学生的语言准确度。斯克汉和福斯特基于他们的研究结果进一步指出，比较任务前与任务后活动的效果是一个非常值得研究的领域。本书作者前期的研究也发现，在交际活动之前和之后聚焦语言形式的效果是有差异的（徐锦芬，李昶颖，2018）。关于任务型教学的研究也表明，学习者完成交际活动后仍需要开展一些聚焦语言形式的活动（Estaire，Zanon，1994；Willis，1996）；任务型教学三个阶段（任务前、中、后）中都可能也有必要聚焦语言形式（Carless，2012）。因此，本书研究在斯巴达和莱特鲍恩（2008）研究的基础之上将分离型形式聚焦教学进一步分为前分离型和后分离型形式聚焦教学，进一步开展了实验二和实验三的课堂准实验研究，对比了前分离型、后分离型和融入型对学习者习得不同难易度语法点的教学效果。

斯巴达和莱特鲍恩（2008）认为，分离型和融入型形式聚焦教学时机并不是对立的，没有必要在这两者中做出选择，而应该探讨这两种教学时机在哪种教学条件下对哪种学习者效果更好，因为形式聚焦时机的教学效果受很多因素影响，如语言形式的复杂度、教师和学生的偏好和观点、学习者的水平和年龄、一语语种等。

2.5.2 语法点的难易度

形式聚焦教学对不同语言形式的效果可能不同，研究者和教师们对这个问题非常感兴趣。一些研究者认为，简单的语法规则可以显性地教，但很难的语法规则由于太复杂，不能很好地通过和交际活动分离的、单独的、显性的语法教学来教，而应该在意义为主的活动中隐性地学习（Krashen，1982；Reber，1989），据此融入型形式聚焦教学可能更适合复杂或抽象的语言形式。另一些研究者的观点恰好相反，他们认为简单的语法规则在隐性教学中效果会更好，因为它们能很容易地被注意到，而较难的语言形式由于很复杂且依赖于语境，因而在自然产生的输入中很难被注意到，因此，需要进行显性的教学以帮助学习者发现这些复杂的语法规则（Hulstijn，Graaff，1994）。但目前为止直接对比不同的教学方式对难易度不同的语法点的效果的研究还很少，已有的相关研究所得的结论也各不相同。

罗宾森（Robinson，1996）对比了在不同的学习条件下学习者学习简单和复杂语法规则时的效果，104 名成人 ESL 学习者被随机分为四组，分别在隐性、偶然、自己找语法规则和教学的条件下学习简单和较难的半人工语言的句法规则。罗宾森（1996）在这里是根据有经验的二语教师的判断来划分语法点的难易度的。在实验中，隐性条件下的学习者先看关于难易两个语法规则的句子并被要求背下这些句子，随后学习者被要求根据单词顺序来判断句子正确与否；偶然条件下的学习者被要求看句子并根据句子的意思判断正误；自己找语法规则条件下的学习者被要求从句子中自己找出语法规则；教学条件下的学习者则在看句子之前先接受语法规则的讲解，然后回答关于相应语法规则的问题。学生的学习效果通过语法判断测试来测量。结果表明，隐性学习对复杂语法点并没有显著优势；而对简单语法点来说，教学条件下的学习者比其他组学习者表现都更好。罗宾森（1996）的研究结果和德凯泽（1995）在实验室环境下进行的简单和复杂词汇、句法教学的研究结果一致，即学习者在显性的教学中能更好地学习简单规则，而隐性教学对复杂语法点并没有比显性教学效果更好。

格拉夫（Graaff，1997）研究了有和没有显性教学与语法复杂度及词态、句法之间的关系。共 56 名大学生被随机分为显性学习和隐性学习两组，分别接受关于人工语言——世界语的两难（一个关于词态、一个关于句法）和两易（一个关于词态、一个关于句法）语法规则的电脑自学课程。显性条件下的学生在对话和理解活动之后接受关于语法结构的讲解，而隐性条件下的学生在对话和理解活动之后只是接受一些被打乱顺序的例句的练习。学习者的学习效果通过语法判断任务、填空任务、词汇任务、句子判断及改错任务来测量。结果表明，显性教学能更好地促进学习者二语语法的习得，显性教学条件下的学习者在简单词态和复杂句法学习上比隐性学习条件的学习者得分更高，而在复杂词态和简单句法学习时没有显著差异。

豪森等（Housen et al.，2005）专门研究了语法结构复杂度和显性语法教学之间的关系，69 名以荷兰语为母语、把法语作为外语学习的青少年学习者（14~15 岁）被分为三组，一组接受对简单语法结构的显性学习，第二组接受对复杂语法结构的显性学习，还有一组为控制组，不接受实验教学。学习者的掌握情况通过语法判断任务、有控制的笔头产出任务和无计划的口头产出任务来测量。结果显示，显性教学对学习者学习目标语法结构有显著作用，其既可以提升学生的显性语法知识也可以提升学生的隐性知识；显性教学对复杂的语法结构比简单结构的效果更好。斯巴达和富田（2010）对显性和隐性教学对英语中的简单和复杂语法点的效果进行了元分析研究。基于要达到正确语法形式所需的标准的数量，共 41 项相关研究被分为关于简单和复杂英语语法点的研究。元分析结果表明，无论是对学生的显性知识还是隐性知识，总体上显性教学比隐性教学更能促进简单和复杂语法点的习得，但教学类型与不同种类的语言形式并没有交互作用。

以上研究都只能证明形式聚焦教学对简单和复杂的语言形式都有效果，但并不能得出较统一的结论，这是由于每项研究划分简单和复杂语法点的标准不一样。诺尔（Roehr，2008，2010）提出，语法规则的难易程度因语法结构的图式性、概念复杂性、技术性、真值性、稳定性和语境独立性而有明显差异。当前关于语法点的难易划分还没有较统一的标准，大致有三种界定方式（Spada，Tomita，2010）。第一种是从心理语言学上进行的区分，复杂度是根据一个语法点较早还是较晚被习得或者较容易还是较难被加工而划分的。如豪斯缇金和格拉夫（Hulstijn，Graaff，1994）从认知角度将复杂度定义为为了在语言产出中形成正确的语言形式而需要考虑的语法概念的数量。第二种是从语言学视角进行的区分，主要考虑的是语法点的转换较多还是较少，语法点是被标记还是无标记，在类型上和一语相同还是不同。如德凯泽（2005）提出语言难度由语言形式的复杂度、意义的复杂度、形式与意义映射的复杂度所决定，当缇和威廉姆斯（1998）认为语言形式在输入中的显著程度会影响所学语言形式的难度。第三种是从教学角度进行的区分，这里语言形式的复杂度是指一种语法形式较容易还是较难被学生所理解和学习，主要由教师通过观察学生的错误来发现有问题的语法形式，那些二语学习者不能在产出中系统、准确运用的语法点被认为是较难的语法点。如罗宾森（1996）通过有经验的二语教师的判断来决定所要研究的教学规则的复杂度。在缺乏公认的确定复杂度的标准的情况下，让被调查的专家教师来评判问题的复杂性在解决问题的实验研究中是标准做法（Reed，Ackinclose，Voss，1990）。这样做有几个好处：一是可以为难易划分提供实证支撑；二是可以复制研究；三是有较高的表面效度，因为有经验的教师能较好地判断影响语法教学规则复杂度的因素；四是一旦教师选出了一些简单和较难的教学规则形式，就可以对规则所述结构的语言和心理语言学复杂性做出判断，从而影响最终的选择（Robinson，1996）。鉴于此，并考虑本书研究的可操作性，本书对语法难易的划分主要基于第三种方式即从教学角度由教师的判断进行划分。

2.5.3 学习者的语言水平

先前的研究表明，学习者的二语水平也会影响教学效果（Kim，McDonough，2008；Williams，2001）。这里学习者的语言水平是指基于某种测量标准反映的学习者在听说读写方面整体的语言能力（Hadley，2001）。学习者语言水平对形式聚焦教学的影响在输入加工和互动领域内都有所涉及。范帕滕（1990，1996，2003）的输入加工模型（input processing model）认为，人的大脑加工容量有限，在任何时候对输入进行加工的有意识的注意力是有限的，因此，如果需要对语言形式进行有意识的加工就要求输入能很容易地被理解。也就是说，在交际互动中学习者最先加工的是意义，只有当对整体意义的加工不消耗可用的加工资源时学习者才能够加工某种语法形式。因此，水平更高的学习者会比水平较低的学习者更容易加工语法形式，因为水平高意味着学习者在加工意义时更容易，因而有更多的资源来加工形式，而水平低意味着学习者要花更多的资源去加工意义，因而加工语言形式的资源有限。此外，有关发展准备度（developmental readiness）的理论和研究也提出，学习者只有在已经习得了较简单的结构之后才能加工和运用某种特定的语法形式，如果学习者在还没有习得更简单的相关语法点时就学习超过他们发展水平很多的语法点，会导致学习者从教学中什么也学不到或者会因为教学而感到困惑，有些学习者甚至会倒退（Lightbown，1998；Spada，Lightbown，1993，1999；Williams，Evans，1998）。由此，水平更高的学习者发展准备度更高，因而能更好地在意义为主的活动中注意并输出某种语言形式；而水平较低的学习者一方面在理解意义上有困难，另一方面对更简单的语法点可能掌握得不牢固，因而，在意义为主的活动中很难注意到语言形式，即使在老师的指引下注意到了也会掌握得很吃力。

当前对学习者语言水平和形式聚焦教学关系的研究主要集中在对纠正性反馈的研究上。如马克和菲利普（Mackey，Philp，1998）的实验室环境下的研究探讨了重铸（recast）和语言水平之间的相互作用，35 名参与者被分为三种条件（重铸、互动、控制）并被划分为不同语言水平。结果表明，重铸组中语言水平较高的学习者效果比互动组好，而对语言水平较低的学习者来说，重铸和互动并没有差异。这一结果再次证实了发展准备度的观点。安玛和斯巴达（Ammar，Spada，2006）研究了重铸和提示与二语水平的关系，结果表明，总体上提示比重铸的效果更好，重铸的效果取决于学习者水平，其中重铸和提示对高水平学习者作用相当，而对低水平学习者，提示比重铸效果更好。李（Li）（2014）研究了纠正性反馈与二语水平及不同语法点之间的关系，78 名来自两所美国大学的、以中文作为外语学习的学习者参与了实验，根据学习者在汉语水平考试成绩中的中位数，学习者被分为高水平组和低水平组，每组的学习者又被随机分为三种反馈条件：重铸、元语言纠正（metalinguistic correction）和控制，接受关于量词和完成式“了”的反馈。结果显示，对完成式“了”，重铸对高水平学习者有用而对低水平学习者无用；对量词，重铸对高低水平的学习者都有效。此外，还有研究者对反馈时机和学习者水平的关系进行了研究，如李少锋等人（2016）探讨了纠正性反馈的时机对二语水平不同的学习者的影响，根据学生期中考试成绩的中位数，120 名初中生被划分为高水平和低水平，分别接受即时反馈条件、延时反馈条件、交际任务条件和控制条件下的实验。

结果显示，不同时机的反馈对高水平学习者效果相当，而对低水平学习者而言即时反馈有效但延时反馈无效。此外，交际性任务只对高水平学习者有效，对低水平学习者无效。

根据斯巴达（1997）对形式聚焦教学的定义，形式聚焦教学既包括教学也包括纠正性反馈，当前关于纠正性反馈与学习者水平关系的研究已较多，也有研究探讨了纠正性反馈的时机与学习者水平的关系，但对总体上包含教学和反馈的形式聚焦教学的时机与语言水平之间的关系还需要更多研究进行探讨。不同的形式聚焦教学时机可能会因为学习者自身语言水平的不同而产生不同的效果。瑞塔（Ranta，2002）假设语言水平较低的学习者可能更需要显性的、分离型的教学来帮助他们认识到形式和意义之间的关联。但至今还没有相关实证依据证明不同语言水平和形式聚焦教学时机之间的关系。斯巴达等（2014）呼吁需要有更多的课堂二语习得研究来探讨形式聚焦教学时机对不同的语言形式和不同语言水平的学习者的影响，只有这样才能更好地了解这些因素对二语学习的影响并最终启示二语教学。因此，本书将不同的语言形式和学习者的语言水平也作为研究变量。

2.5.4　教师和学习者的偏好

教师和学生的偏好也会很大程度上影响教学效果。教师和学习者的偏好和信念对理解教学环境下的语言学习尤为重要（Kern，1995）。对学习者的信念和偏好进行研究可以更好地理解学生的一系列行为（如焦虑、动机不足甚至退化而停止学习外语等情况），而教师的信念和偏好会很大程度上影响学习者关于语言学习的信念和偏好。霍威茨（Horwitz，1990）指出，教师和学生关于语言学习信念之间的不匹配和差距会导致学生缺乏自信从而产生矛盾。当前关于教师和学生对语法教学偏好的研究大多集中在师生关于显性语法教学和纠正性反馈的信念研究上（Kartchava，Ammar，2014；Loewen et al，2009；Mori，2011；Schulz，1996，2001），研究所得结果各异而且教师和学生的观点往往并不一致。例如舒尔兹（Schulz，1996）的研究表明，学生普遍对语法和纠正性反馈持积极态度，而且这种态度对任何语言都是如此，但外语教师对显性语法教学和纠正性反馈的观点与学生相反。舒尔兹在2001年进行的复制性研究所得结果和舒尔兹（1996）的结果大致相同，因此，舒尔兹（2001）强调教师应该去了解学生的信念并努力处理学生信念和教学实际之间的冲突。劳恩等（Loewen et al.，2009）的研究则表明，不同目标语的学习者由于一语背景不同且学习二语的环境不同，其对语法教学和纠正性反馈的信念就会不同，其中中国学生和阿拉伯学生对语法教学和纠正性反馈的态度比其他学习者更积极，而英语作为第二语言学习的学习者对语法教学和纠正性反馈的态度没有那么积极，他们更重视交际技巧。

当前关于教师和学生对形式聚焦教学时机偏好的研究较少。斯巴达等人在2009年开发了针对ESL和EFL教师和学生对分离型和融入型教学时机偏好的问卷。有几个研究使用了这些问卷研究师生对形式聚焦教学时机的偏好。如宋侯里（Songhori，2012）调查了伊朗一所大学的EFL学习者和教师对分离型和融入型形式聚焦教学时机的偏好，结果表明，教师和学生都更偏好融入型教学时机。但是宋侯里也提出，这一偏好可能与伊朗EFL环境下的教学实际相冲突，因为课程要求、大班教学模式和学生的水平都使得当地还在采用更为传统的语法教学模式。埃尔衮－衮杜兹（2012）也采用这些问卷调查了土耳其小学生对分离型和融入型形式聚焦教学的偏好，结果表明，学习者普遍更偏好融入型形式聚焦教学。因为他们认为融入型形式聚焦教学更有趣，能让他们更积极地学习，但也有学生指出，分离型形式聚焦教学对他们考试帮助更大。安塞瑞等（Ansarin et al.，2014）对土耳其EFL环境下的高水平和低水平成人学习者的偏好进行了调查，结果表明，低水平学习者对分离型和融入型教学的偏好并没有差别但高水平学习者更偏好融入型教学。以上研究中，斯巴达等人的问卷都是被直接采用或直接翻译后采用，并没有根据当地环境进行调整和信度效度检测，所使用的问卷也都存在一些问题。斯巴达（2009）强调，使用该问卷需要进一步检测信度和效度，因为信度和效度是相对的，会随着不同的环境而产生变化。徐等（Xu et al.，2015）的研究也表明，在使用前人的问卷来调查不同地方的不同学习者时需要进行信度和效度检测。2016年，瓦莱奥和斯巴达（Valeo，Spada）对加拿大ESL环境下和巴西EFL环境下师生对分离型和融入型教学的偏好进行了问卷调查。结果显示，两种环境下的师生都偏好融入型形式聚焦教学，但同时他们也认识到了分离型形式聚焦教学的价值。瓦莱奥和斯巴达（2016）呼吁，需要有更多研究来探讨教师和学生对分离型和融入型教学时机的选择，更重要的是要探讨他们选择的原因。他们进一步提出，需要有更多研究探讨在何种条件下采用何种形式聚焦教学时机最佳。

总而言之，先前关于教师和学生对语法教学信念的研究主要集中在对显性教学和纠正性反馈的信念上，很少有研究探讨教师和学生对不同形式聚焦教学时机即形式和意义应该被融合还是应该被分开进行的信念进行研究。已有的少数研究也没有根据不同的环境检测问卷的信度和效度来调整问卷，对教师和学生为什么持有这样或那样的语法信念的原因也没有进行较深入的探讨。此外，由于信念是在社会环境中构建和维持的，研究者应该考虑到不同环境的影响（Turner，Meyer，2000；Turner et al.，2009），处于不同教育层次和环境中的教师和学生可能信念并不相同，而不同的教育层次之间应该是连贯的，因此有必要探讨不同教育层次的教师和学生的观点并探究其原因，这样能更好地反映教育系统的连贯性。因此，本书还将进一步探讨不同教育层次的师生对形式聚焦教学时机的偏好和观点。

2.6　国内形式聚焦教学研究现状

目前，形式聚焦教学在国内并未引起重视，已有研究主要对国外的形式聚焦相关研究进行述评（高强，李艳，2006；何莲珍、王敏，2004；林梅等，2008；林琼，2009；张一平，2006）。所以，国内关于形式聚焦的实证研究很少，且大多局限于对课堂中的形式聚焦进行初步的描述性研究，如蔡植瑜（2008）对英语专业课堂中师生互动时的语言形式聚焦现状进行了描述性分析；邹慧民（2012）对学习者交际互动语料中的形式关注进行了描述性研究；王蓓蕾（2016）则对大学英语课堂中学生完成展示任务之后，展示组和其他学生进行问答活动时语言形式聚焦的特征进行了描述性研究；王伟清（2017）通过课堂观察探讨了学习者在偶发型（即反应性）聚焦形式中对反馈的接纳行为。国内对形式聚焦教学时机的研究更少，只有少数研究者有所涉及，如刘岩（2009）对比了传统的PPP语法教学和两种任务型教学方法对学生词汇习得的影响，结果表明，在任务后进行语言形式聚焦的效果好于传统教学和不包含任务后形式聚焦的教学。李茜（2013，2015）专门探索了在任务后阶段让学生在不同条件下进行语言形式聚焦的录音转写活动对其口语发展的影响，结果表明，任务后聚焦形式对学习者口语产出的准确度和复杂度都有利。当然，这些研究也没有将形式聚焦教学的时机作为变量进行研究。此外，国内研究大多集中在对大学课堂的研究上，对基础教育阶段的课堂研究很少。鉴于语法学习在基础教育阶段的课堂中的重要性，本书主要设定在初中英语课堂，对形式聚焦教学时机进行实证研究，考察不同的时机对不同的语言形式及不同水平学习者的效果。同时，还将通过问卷调查师生的偏好。

此外，教师的语法教学信念和教学实践直接影响具体的教学效果，因此，其近年来已经成为国外研究的一个热点，国内也出现了少数相关的研究。如高强和张洁（2010）对328名大学英语教师的语法教学信念研究表明，教师既接受交际语法教学的原则，又肯定传统语法教学的价值。高强和秦俊红（2010）通过问卷调查和个案研究对我国396名大学英语教师对语法教学的信念和课堂实际教学的关系进行了探讨，结果表明，教师的语法教学信念和教学实践有一定的一致性，但受教学环境的影响，两者之间也有较大差异。杨鲁新和付晓帆（2014）采用历时个案研究方法分析了两位中学英语教师参加研修活动的过程中语法教学的理念和实际上的变化，研究发现，教师在参与研修活动过程中逐渐改变了自己的理念和实践，教师的教学理念和实践是相互演变、相互促进的。当前国内还没有研究探讨教师关于形式聚焦教学中具体概念的观点和实践，鉴于此，本书在对形式聚焦时机开展实证研究之前先就教师对形式聚焦教学的观点和实践进行调查。

2.7 本章小结

综上所述，当前二语习得领域已达成共识，即结合形式和意义的教学对二语学习者是最有效的，形式聚焦教学的作用也已得到证实。当前二语习得和教学中最重要的问题是如何和何时进行形式聚焦教学才更有效（Spada，Lightbown，2008）。当前形式聚焦教学的研究主要关注不同类型的形式聚焦教学对不同知识的作用及影响其效果的因素，这里涉及教学时机、语言形式复杂度、教师和学生的偏好和观点、学习者的水平和年龄、一语语种等。此外，关注教师对形式聚焦教学的认知和实践的研究对实际教学也有着重要影响。已有研究存在以下问题。

（1）国外研究大多关注的是 ESL 环境下的成人学习者，对 EFL 环境下的学习者研究较少，对处于语法能力关键期的青少年学习者的研究也较少。

（2）已有研究大多为实验室环境下的实验研究，对实际课堂教学的启示有限。若要提供更有益的教学启示，一方面实证研究需要更符合实际和贴近实际课堂教学，另一方面需要考虑教师的教学信念和教学实际。

（3）国外对融入型和分离型形式聚焦教学时机进行的比较研究还很少，已有研究所得结果不尽相同，结论的可靠性和可推广性有限。而且，已有研究只探讨了前分离型形式聚焦教学，后分离型形式聚焦教学的时机被忽视，当前还没有研究对比前分离型、后分离型和融入型三种形式聚焦教学时机的效果。

（4）国外已有研究没有将难易度不同的语言形式和学习者的语言水平与形式聚焦教学时机相结合来比较全面地探讨形式聚焦教学的效果。

（5）国外探讨师生对分离型和融入型形式聚焦教学时机偏好的研究存在调查问卷信度、效度检验的问题，已有研究没有根据不同的环境调整问卷且没有涉及不同教育层次师生的偏好。

（6）国内语法教学研究较少且以非实证研究为主，对基础教育阶段的语法教学研究更少。形式聚焦教学在国内还未引起重视，已有研究主要是综述国外形式聚焦的理论和研究成果，实证研究少且大部分局限于描述性研究。因此，有必要在我国外语教学中进行语言形式聚焦教学的实证研究，尤其是与课堂教学密切相关的形式聚焦教学时机的研究。

鉴于此，本书将基于我国英语课堂对形式聚焦教学进行比较全面的研究。首先，通过课堂观察对初中英语教师的语法教学实践进行探讨，然后，结合教师深度访谈对教师关于形式聚焦教学的教学信念进行描述性研究。在此基础上，本书将开展关于形式聚焦教学时机的三项实验研究：在前人研究的基础上探讨形式聚焦教学的效果及分离型和融入型形式聚焦教学时机对不同水平学习者的效果；将分离型细分为前分离型和后分离型，对比前分离型、后分离型和融入型这三种形式聚焦教学时机对不同语言水平学习者习得较难和较容易语言形式的效果；通过问卷调查探讨不同教育层次师生对分离型和融入型形式聚焦教学时机的偏好。

第 3 章　研究设计与实施

本书采用多种研究方法，结合质性研究和量化研究，较为全面地探讨教师对形式聚焦教学的信念与实践及形式聚焦教学时机。首先采用个案描述性研究探讨当前我国初中英语教师对形式聚焦教学的教学信念和教学实践，然后在此基础之上进行课堂准实验研究，探讨形式聚焦教学的效果及不同的形式聚焦教学时机对不同的语法点和不同水平学习者的效果，最后通过问卷调查和访谈探究了师生对不同形式聚焦教学时机的偏好。本章主要介绍研究问题及具体的研究设计与方法。

3.1　研究问题

本书采用多种研究方法对教师的形式聚焦教学信念与实践及形式聚焦教学时机进行了比较系统的研究，主要回答以下三大研究问题。

（1）初中英语教师对形式聚焦教学的信念如何，初中英语教师的实际语法教学是什么样的，初中英语教师对形式聚焦教学的教学信念和教学实践受什么因素的影响。

（2）不同的形式聚焦教学时机对我国不同水平的初中学习者习得不同语言形式的效果如何，具体为分离型和融入型形式聚焦教学时机对不同水平的学习者是否有效，效果有何差异。前分离型、后分离型和融入型形式聚焦教学时机对不同水平学习者（高、低）习得不同的语法点（难、易）的显性和隐性知识有何影响。

（3）师生更偏好分离型还是融入型形式聚焦教学时机，不同教育层次的师生的偏好是否有差异。

3.2 研究流程

针对第一个研究问题——初中英语教师对形式聚焦教学的信念与实践，本书采用个案描述性研究进行探讨，对中部地区一所初中的三名英语教师进行课堂观察、访谈及文献分析。针对第二个研究问题——不同的形式聚焦教学时机对不同语法点和不同语言水平学生的效果，本书采用课堂准实验设计开展了三项实验研究：第一项实验研究主要探讨形式聚焦教学时机的效果并对比分离型和融入型形式聚焦教学时机对不同水平学习者的效果；第二项实验主要对比前分离型、后分离型和融入型形式聚焦教学时机对不同水平学习者习得较难语法点的效果；第三项实验对比了前分离型、后分离型和融入型形式聚焦教学时机对不同水平学习者习得较容易语法点的效果。针对第三个研究问题，关于师生对分离型和融入型形式聚焦时机的偏好及不同教育层次师生偏好的差异，本书采用问卷调查和访谈进行探讨。研究分为三个阶段进行，研究设计如图 3.1 所示。

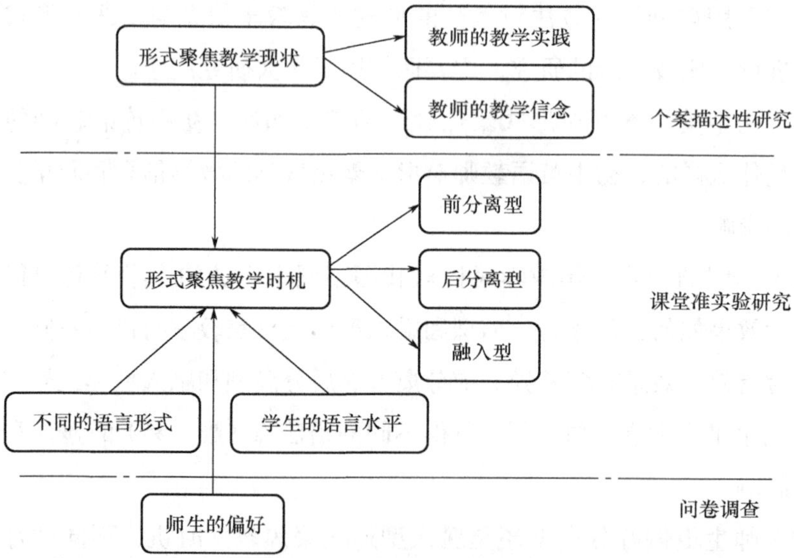

图 3.1　研究流程图

3.3　研究对象

第一阶段研究的调查对象为华中地区某初中三位不同教龄（分别为 1 ～ 5 年、6 ～ 10 年、11 ～ 15 年）的老师及其所带班级。三名教师详细信息如表 3.1 所示。

表 3.1　教师信息

老师	性别	教龄	所教年级
肖老师	女	11 ～ 15 年	八年级
庞老师	女	6 ～ 10 年	七年级
梅老师	男	1 ～ 5 年	八年级

第二阶段的研究环境和学校与前面部分的个案描述性研究一样，为中部地区一所初中。鉴于七年级语法点还较少，九年级主要为复习，主要的语法点学习在八年级进行，因此本研究选取对象为八年级学生，平均年龄在 12 ～ 14 岁。他们从小学三年级开始学习英语，初中阶段每天一节英语课，课时长 45 分钟。三项实验研究分两个时间段进行。实验一从该初中八年级共 12 个班中随机选出三个自然班参与实验，共 126 人。这三个班被随机分成三组，每组 42 人：一组为控制组，另两组为实验组，分别接受分离型和融入型形式聚焦教学。基于他们期中考试成绩的中位数，三组学生均被划分为高水平组和低水平组（Li，2014）。三个班的实验教学由同一名教师完成，该教师有 10 年的教学经验。对满分为 24 分的被动语态语法测试成绩进行单因素方差分析显示，三组的前测成绩之间没有显著差异，$F(2，123)=0.728$，$p=0.485$，且均分都低于 3 分。一学年后实验二和实验三在同一学年先后进行，从该校共 12 个已经结束七年级学习即将开始八年级学习的班级中随机选出 3 个班，每班学生 60 人左右。三个班的学生水平中等，七年级下学期的期末考试成绩显示三个班的学生水平没有差异，$F(2，181)=0.870$，$p=0.421$。三个班的学生和三个班各自的英语教师（不同于实验一中的教师和班级，也不同于个案描述性研究中的三位教师和班级）参与了此次研究。三个班的学生被随机分为三组：前分离组、后分离组和融入组，接受不同时机的形式聚焦教学。为考查学生水平的影响，根据每班七年级最后一次期末考试成绩的中位数（前分离组 83.5 分、后分离

组 92 分、融入组 85 分、总分 120 分)，三组学生均被划分为高水平组和低水平组（Ammar，Spada，2006；Li，2014），独立样本 t 检验结果表明，所有的高低水平组之间均存在显著差异（$p<0.00$）。

第三阶段的研究对象为来自全国各地的初中、高中和大学的英语教师和学生，他们都通过相关问卷的形式完成关于形式聚焦教学时机偏好的调查，最终共计 1235 名英语教师参与了此次调查，其中 394 名是初中英语教师，571 名是高中英语教师，270 名是大学英语教师；共计 3448 名学生参与了此次调查，其中 273 名是初中生，745 名是高中生，2430 名是大学生。教师和学生的具体情况如表 3.2 所示。

表 3.2　问卷调查参与者信息

参与者基本情况		EFL 教师（共 1235 人）	EFL 学生（共 3448 人）
性别	男	221 人	1187 人
	女	1014 人	2261 人
层次	初中	394 人	273 人
	高中	571 人	745 人
	大学	270 人	2430 人
教龄	1～5 年	119 人	
	6～10 年	185 人	
	10 年以上	931 人	
教育背景	本科	914 人	
	硕士	292 人	
	博士	29 人	

3.4　研究方法

3.4.1　个案描述性研究

第一阶段采用个案描述性研究对初中英语教师对形式聚焦教学的教学信念与实践进行探讨。在教师信念研究中不同的数据获取方法会产生不同的回应结果（Borg，2006），根据教师的教学实践来获取并理解他们的教学信念能更真实地反映教师信念和实践之间的关系。因此，此部分研究首先对教师真实的课堂教学进行观察和描述，并以此作为和教师进行访谈的基础，如此，教师的访谈将反映教师对语法教学的本位（emic）视角（Borg，2003b，2006）。研究者对三位老师进行了为期一个月的课堂观察，为了不干扰教师的教学并展现最真实的课堂，每节课由研究者作为观察者进行录音并进行详细的笔头记录（包括教学内容、步骤，师生间的互动及学生反应等），最后共计得到 25 小时的课堂录音。本部分研究在每节课课后还对师生进行了简短的关于上课情况的访谈并搜集了教师的教材、教案及相关资料。

所有课堂观察结束后对每位教师进行了 1 个多小时的半结构录音访谈。访谈内容主要涉及两大块，第一大块针对前期观察到的课堂教学进行整体访谈，第二大块在格拉斯和库珀（Graus，Coppen，2016）对教师关于形式聚焦教学问卷的基础之上进行改编，形成访谈问题。格拉斯和库珀（2016）使用问卷调查研究了学生教师的形式聚焦教学信念，但他们提出，使用问卷存在不足之处：首先，由于信念在一定程度上是无意识的，因此使用问卷可能无法反映受访者全部的信念；其次，问卷的定量数据只能反映一般性趋势和联系，却无法反映受访者为什么如此作答等深层想法；此外，问卷反映的是受访者的想法却无法反映他们的实际做法，因此问卷可能反映的是教师的理想而非实际做法。格拉斯和库珀（2016）呼吁需要进行质性研究以进一步探讨。鉴于此，本部分研究的访谈在格拉斯和库珀（2016）问卷的基础上进行改编并加入具体的语法教学措施和形式聚焦时机部分作为教师对形式聚焦教学信念的访谈提纲（见本书附录 1），主要包含四个部分：第一部分让教师判断一系列教学措施的重要性，如做语法练习和作业、小组活动等；第二部分列出几组关于语法教学的不同观点，让教师从“非常同意、同意、不确定、不同意、非常不同意”中选出自己的观点并说明原因。这些语法观点主要涵盖形式聚焦教学（form-focused instruction）对应意义为主的教学（meaning-focused instruction）、形式和意义的教学顺序即形式聚焦教学时机、前摄性形式聚焦（proactive focus on form）对应反应性形式聚焦（reactive focus on form）（前摄性形式聚焦即由老师提前计划好的形式聚焦，反应性形式聚焦即在以意义为主的课堂中对学生偶尔出现的错误作出的反应）、显性教学（explicit instruction）对应隐性教学（implicit instruction）、演绎式教学（deductive instruction）对应归纳法教学

（inductive instruction）；第三部分旨在探讨以上教学观点和学生水平及语法点难度的关系；第四部分主要探究教师语法教学信念的来源。

3.4.2 课堂准实验研究

1. 实验流程

第二阶段研究采用前测、即时后测和延时后测的课堂准实验研究设计。其中，实验一的自变量为形式聚焦时机和语言水平，因变量为学生的被动态掌握结果。三个组首先进行前测，一周之后两个实验组分别接受分离型和融入型形式聚焦教学。每个实验组的教学时长为 100 分钟，即连续上两节课，中间不休息。教学结束后当堂进行即时后测，两周之后进行延时后测。控制组不接受实验教学，只完成前测、即时后测、延时后测。实验组的教学在学生正常的上课时间段进行，因此学生并不知道他们在参与一项实验。教师被要求严格按照所给的教学步骤进行教学。所有的教学过程都被录像，录像记录显示整个教学过程与实验设计吻合。

实验二和实验三针对两个难易度不同的语法点分别开展实验。由于实验一已经证实了形式聚焦教学的效果，因此实验二和实验三不再设有控制组，而是将分离型细分为前分离型和后分离型，直接对比前分离型、后分离型和融入型三种教学时机的效果。两个实验流程一样，都是先对三个组进行相关语法点的前测，一周之后进行实验教学。根据前期课堂观察和教师访谈，教师在教授一个新语法点时通常会用两节课的时间，因此本实验遵循这一做法，每个实验组的每个语法点的教学时间均为两节课，分两天完成。第二天完成实验教学之后，当天进行即时后测。为避免后分离组中先进行交际活动再进行语法教学会产生的练习效应（recency effect），即时后测均在实验教学的 3 小时后进行。两周后所有组进行延时后测。每节课的教学过程和内容由研究者和教师一起提前计划好，教师在实验教学中严格按照设计好的教学步骤进行教学，教学过程由教师录音以确保教学过程和实验设计相吻合。为最大程度地避免干扰正常教学并呈现正常教学环境下形式聚焦教学时机的效果，三个实验班的教学均由他们各自的英语教师完成，所选语法点也都是按照课程内容要求学生在本学期要学习的，所有实验过程均按八年级英语正常课程进度进行，且都在每个班正常的教学时间内进行，因此学生并不知道自己在进行一项研究。

2. 不同的目标语法点

实验一旨在探讨形式聚焦教学时机的效果及分离型和融入型形式聚焦教学时机对不同学习者的效果，因此被动语态被选为目标语法点，原因如下：①本部分研究中的学生还未学过被动语态，被动语态按照课程标准属于九年级上学期的教学内容，但他们已经学习了现在时、过去时和不规则动词，因此有能力去学习被动语态；②英语被动语态被认为是中国学生最难掌握的语法点之一（Ju，2000；Qin，2008），研究前对该校教师的访谈也反映了这一点。出于对学生实际水平的考虑，本部分研究只涉及被动态的一般现在时和一般过去时。

实验二和实验三旨在探讨形式聚焦教学时机对学生习得难易度不同的语法点的效果，因此本部分研究选取了一个较难语法点和一个较容易的语法点进行实验教学。如 2.5.2 小节中提到的，当前二语习得研究领域尚未对语法复杂度或难易度的划分形成较统一的标准，研究者从心理语言学、语言学和教学角度对语法难易度进行了不同界定（Spada，Tomita，2010）。本节研究为达到较高生态效度，尽量符合真实的课堂教学，并选择从教学角度进行界定，因此，本书研究中语言形式难易度是指一种语法形式较难还是较容易被学生理解和掌握，主要通过教师对学生错误的观察来发现（Robinson，1996）。在没有形成公认标准的条件下让被调查的有经验的教师来判断问题的复杂度是解决问题的实验研究的标准做法（Reed，Ackinclose，Voss，1990），如第 2 章所述，这种做法有几大好处。因此，本书研究对难易语法点的选择主要是基于教师的判断，为使语法点的选择更接近学生的实际情况，本书研究还参考了学生的判断。为不干扰正常教学秩序并最大程度地符合实际教学，所选取的语法点都是研究对象即将在八年级上学期要学但是还没有学过的。在实验对象开始八年级学习之前，本书作者先是对刚完成八年级教学的 3 位教学经验丰富的老师进行了关于八年级上学期语法点难易度和学生掌握情况的简要访谈。随后，本书作者对该校英语教师（以刚完成八年级教学的教师为主）和刚完成八年级学习的学生进行了调查，让他们分别从八年级上学期所有的语法点中选出自己认为最难的语法点和最容易的语法点。八年级上学期共十个单元，涉及六大语法点：形容词和副词的比较级、形容词和副词的最高级、动词不定式、一般将来时、情态动词、if条件状语从句。最终，16位老师和48名学生的回答显示，八年级上学期师生们认为更难的语法点是形容词和副词的比较级（八上第三单元）；更容易的语法点是一般将来时（八上第七单元）。教师和学生对难易语法点的判断与相关文献是符合的，根据艾利斯（2005）归纳的17种学习者普遍存在问题的语法点，比较级是较难的语法点且习得时间较晚，通常在小学或初中课程中出现。

3. 教学材料及教学过程

课堂准实验研究所使用的实验教学材料均来自该校英语课堂中使用的人教版英语课本。实验一中使用的实验教学材料选自九年级英语课本。一篇关于篮球发明的阅读文章，关于不同发明创造出现时间的交际活动以及听力部分被选作教学材料。本书作者和参与研究的教师对该阅读文章在长度与词汇上做了少量修改以适合学生实际水平，全文共包含3处一般现在时的被动语态和3处一般过去时的被动语态。对分离型形式聚焦组，该文章用完形填空的形式呈现给学生，要求他们用正确的语法形式将这6处空补齐。而对融入型形式聚焦组，该文章被完整地呈现给学生以完成阅读理解练习。两个实验组采用相同的任务，但教学顺序不同。在分离型形式聚焦组，形式聚焦教学和交际活动教学被分开，形式聚焦部分只对被动语态的语法点进行教学，交际活动中包含被动语态但不聚焦形式，要求教师在交际活动中不纠错。在融入型形式聚焦组，形式聚焦教学和交际活动相互融合，要求教师在交际活动中对学生出现的语言错误进行纠正。为确保使用的教学材料和任务的效度，两名研究者和教师一起对教学材料和任务进行了严格审查，主要确保在分离型形式聚焦组，形式聚焦和交际活动是分开的；在融入型形式聚焦组，形式聚焦和交际活动相互融合；每组的形式聚焦教学和交际活动都占用相同的时间；教学材料、任务难度及词汇在学生可接受范围之内。结果表明，使用的教学材料和任务与分离型和融入型形式聚焦教学的概念一致，对有分歧的地方进行了微调。

实验二和实验三中使用的实验教学材料选自八年级英语课本。三个实验班都采用相同的教学主题，使用相同的教学策略，包括元语言解释和纠正性反馈。三个班不同之处是语言形式聚焦在教学中出现的时机。在融入组，形式聚焦与交际活动相互融合，对语言形式的注意总是发生在交际活动进行之中；而分离组中，对语言形式的注意总是和交际活动分开的，形式聚焦部分只对相应的语法点进行教学，交际活动中包含该语法点但不聚焦形式。具体而言，前分离组中，学生先聚焦语言形式然后开展相关的交际活动；后分离组中，学生先开展交际活动然后再聚焦相应的语言形式。为确保使用的教学材料和教学流程的效度，研究者和教师一起对教学材料和教学步骤进行了严格的审查，主要检查了以下四个方面：①在前分离组和后分离组中，形式聚焦和交际活动是分开依次进行的；②在融入组中，形式聚焦和交际活动是相互融合同时进行的；③每组中对形式的聚焦和交际活动都占用相等的时间；④教学材料、任务的结构及词汇在学生可接受的范围之内。每个实验具体的教学步骤见下面章节中每个实验的相应部分。

4. 测量方法

实验一使用改错题测试来测量学生对被动语态的掌握情况。测试包括前测、即时后测和延时后测三个版本，三个版本的改错题目相同，但顺序进行了随机调换。测试共有 30 道题，其中 24 道题考查被动语态，另外 6 道题为干扰项，与学生已经学过的知识点相关，如一般现在时、一般过去时和比较级。24 道目标题中，12 道题考查过去时的被动语态，12 道题考查现在时的被动语态；12 道题为规则动词，12 道题为不规则动词。根据李（Lee，2007）和李等（Li et al.，2016）的研究及对其他同类班学生的先导实验结果，目标题的错误主要分为三类：①使用了动词原形，如“ The big game was win finally”；②“ be”动词缺失，如“ Many bridges built in the 1950s”；③使用了现在分词而非过去分词，如“ The tires on the car were changing yesterday”。三类错误各占 8 题。在改错题评分中，如果错误被指出并改正则得 1 分，部分正确或错误不得分，总分 24 分（6 道题干扰项的得分不计入总分）。Cronbach’s alpha 系数显示，改错题的前测信度为 0.88，即时后测信度为 0.89，延时后测信度为 0.92，均达到较高信度。

实验二和实验三通过两种测量方法来分别测量学生的显性知识和隐性知识。艾利斯（2005）提出了区分显性知识和隐性知识的七个标准，如表 3.3 所示。

表 3.3　隐性显性知识区分标准

标准	隐性知识	显性知识
意识程度	根据感觉作答	根据规则作答
时间限制	有时间限制	无时间限制
关注的焦点	主要关注意义	主要关注形式
系统性	一致地作答	可变地作答
确定性	作答中确定性高	作答中确定性低
元语言知识	不强制需要元语言知识	鼓励使用元语言知识
可学性	早期学习更好	后期通过形式聚焦教学学习更好

根据艾利斯（2005）这七个标准和其他研究中使用的显性知识测量方法（Spada et al.，2014；Shintani，2017），本部分研究中学生的显性知识通过错误改正测试（error correction test，ECT）来测量，即关于该语法点的 30 个错误的句子（24 题为目标语法点题目，另有 6 道题是干扰项，与学生学过的其他知识点相关），要求学生改正其中的错误。错误改正题以试卷形式呈现给学生，若学生正确标出句中的错误并改正得 1 分，部分正确或未正确改正都不得分。满分 24 分，干扰题不计入总分。每个实验中的 ECT 都包括前测、即时后测和延时后测三个版本，三个版本中句子的主要错误相同，但句中的名词和形容词进行了改动并对句子顺序进行了随机调换（Spada et al.，2014）。

根据艾利斯（2005）、金姆和南姆（Kim，Nam，2017）的研究，口头模仿测试（oral imitation test）、口头陈述测试（oral narration test）和限时语法判断测试（timed grammatical judgement test，Timed GJT）都能较好地测量学习者的隐性知识。鉴于实验二和实验三涉及的学生人数较多，口头测试工程量过大，因此实验二和实验三采用限时语法判断测试来测量学生的隐性知识。测试的具体操作是在计算机上一句一句地呈现关于该语法点的 30 个句子（其中有 6 个为干扰句，3 句正确，3 句错误），其中 12 个句子是正确的，12 个句子是错误的，每个句子都有答题时间限制。Timed GJT 中出现的句子不同于在 ECT 中出现的句子，其均以书面形式呈现在电脑屏幕上，学生被要求在规定时间内点击相应按钮（正确 / 错误）判断屏幕上出现的句子是正确还是错误的。每道题的答题时间限制由 20 位大学英语教师进行先验研究确定。艾利斯（2005）、金姆和南姆（2017）的研究中的参照对象是以英语为母语者，但其测试对象都是成人学生，为降低对初中生的难度，实验二和实验三的参照对象为 EFL 教师。考虑到二语学习者处理每句的速度较慢，艾利斯（2005）、金姆和南姆（2017）在母语者答题时间中位数的基础上增加 20% 的时间。本章研究为降低对被试初中生的难度，在 EFL 教师答题时间中位数的基础上增加 25% 的时间。每个实验中 Timed GJT 都包括前测、即时后测和延时后测三个版本，三个版本的主要错误相同，但句中的名词和形容词进行了改动并对句子顺序进行了随机调换。每道题分为正确和错误两个选项，判断正确即得 1 分，判断错误得 0 分，未作答的题得 0 分。满分 24 分，干扰项不计入总分。每个实验的测试题目见附录 2 ～ 4。

3.4.3　问卷调查与访谈

第三阶段通过问卷调查和访谈来探讨不同教育层次的师生对形式聚焦教学时机的偏好。此部分研究所使用的问卷来自于斯巴达等（Spada et al., 2009）、瓦莱奥和斯巴达（Valeo，Spada，2016）研究中使用的 EFL 教师和 EFL 学生关于形式聚焦教学时机偏好的问卷。教师问卷和学生问卷均包含三个部分。第一部分是调查对象的个人信息填写。第二部分使用五级量表的形式，让调查对象针对一系列关于形式聚焦教学时机的观点在非常不同意、不同意、不确定、同意、非常同意中选择自己的看法。第三个部分是一个开放题，让调查对象描述他们对语法教学的观点和偏好做法。教师问卷的第二部分包括 22 个题项（见本书附录 5），其中 11 个题项是关于融入型形式聚焦教学的描述，另外 11 个题项是关于分离型形式聚焦教学的描述。学生问卷的第二部分包括 26 个题项（见本书附录 6），其中 13 个题项是关于融入型教学的描述，另外 13 个题项是关于分离型教学的描述。所有问卷被翻译成中文，由调查对象在线完成。

尽管这两个问卷被证明是测量融入型和分离型形式聚焦教学偏好的有效

且可靠的工具（Spada et al.，2009；Valeo，Spada，2016），但由于问卷信度和效度是相对的且会随着不同的环境而产生变化（Spada et al.，2009），尤其是当英文问卷被翻译成中文之后更会如此，因此依然有必要先对两个问卷的信度和效度先进行检验。因此，在大规模调查之前，本书作者先对来自初中、高中和大学的共 270 名 EFL 教师和 539 名 EFL 学生进行了先验研究，然后使用了三种策略检验了翻译后的问卷的信度和效度。首先，就翻译后问卷的内容效度咨询了五位 EFL 教师和专家，对问卷中的一些用词和表达进行了调整；然后，使用 Cronbach's Alpha 检验了两份问卷的信度；最后，进行了因子分析以检验问卷的结构效度。没有得到一致值的项目被排除在进一步分析之外（教师问卷中的 3、11、13、21 题和学生问卷中的 2、9 题）。最终结果表明，翻译后的教师问卷的 22 个题项中有 18 个题项信度和效度较高，其中 9 个题项是关于融入型的描述，另外 9 个题项是关于分离型的描述；学生问卷中有 24 个题项信度和效度较高，其中 13 个题项是关于融入型的，另外 11 个题项是关于分离型的。表 3.4 呈现的是最终所有项目的信度。验证后的问卷随后被用于大规模的调查。为更好地了解教师和学生选择的原因，本书作者还对不同层次的 10 名师生进行了简要的访谈。

表 3.4　问卷信度分析结果

问卷	Cronbach's Alpha	题项	题项个数	Cronbach's Alpha
EFL 教师（*N*=270）	0.708	融入型	9	0.828
		分离型	9	0.822
EFL 学生（*N*=539）	0.872	融入型	13	0.864
		分离型	11	0.846

3.5　数据处理与分析

对第一阶段的数据，录音访谈首先均被转写，然后交给被访谈人阅读以确认转写文本的真实性。此部分研究采用主题分析法，将每位教师的访谈内容根据访谈问题进行切分并通过反复阅读找出其中出现的主题。课堂录音材料和笔头记录中关于语法教学的片段被提出分析，课堂观察笔记被进一步总结并作为一个宏观视角以反映环境可能对教师语法教学信念和实践产生的影响。

对第二阶段的数据，实验一首先对高低水平上每组的前测、即时后测、延时后后测分数进行了分析整理。尽管三组的前测分数并无显著性差异，但依然存在一些不同，因此除了原始分数，此部分的数据分析还使用了学生在两次后测中的获得分（gain scores）（每位学生的即时后测分数减去前测分数、延时后测分数减去前测分数）。为探索学生所得的分数是否受实验教学和语言水平的影响，对测试结果进行了 GLM 重复测量方差分析，其中测试时间（前测、即时后测、延时后测）为组内变量，形式聚焦时机（分离型、融入型和控制）和语言水平（高、低）为组间变量。随后，对每个水平上学生的分数分别进行单因素方差分析和事后多重检验以检测组间差异。除了用 p 值来检测组间平均分的显著差异外，本章研究还采用科恩（Cohen，1988）的 d 值来计算效应值（effect size），效应值克服了 p 值对样本大小的要求及零假设错误拒绝的风险，效应值从大到小依次为 0.8、0.5 和 0.2。

实验二和实验三关于难易度不同的语法点的两个实验的数据被分开处理，每个实验的数据分析分为两部分，第一部分从总体上分析三种形式聚焦教学时机的效果，第二部分根据学生水平判断形式聚焦教学时机对不同水平学生的效果。为排除前测分数差异的影响，本部分数据对比均用到了获得分（File，Adams，2010）。针对第一部分，首先将所有测试中的结果进行描述性统计，并统计每项测试的前测是否有显著差异，然后分别计算即时后测和延时后测的获得分（即时后测减去前测分数、延时后测分数减去前测分数），随后，对获得分进行 2×3 的混合设计的方差分析（repeated measure ANOVA），其中即时后测和延时后测作为组内变量，三个不同的组作为组间变量，最后对分组出现主效应的地方进行单因素方差分析（one-way ANOVA）和事后多重检验（post hoc comparison）以找出每组间的具体差异。对前测出现显著差异的测试，除以上分析之外还将前测分数作为协方差对获得分进行了协方差分析（ANCOVA）（Elgün-Gündüz et al.，2012）。针对第二部分——形式聚焦教学时机对不同水平学习者的作用，首先将对高低水平上每组在每项测试中的即时后测和延时后测获得分进行分析整理。为探索学生所得的分数是否受实验教学、测试时间和语言水平的影响，分别对每项测试的结果进行 2 × 3 × 2 的 GLM 重复测量方差分析，其中测试时间（即时后测、延时后测）为组内变量，分组（前分离组、后分离组、融入组）和语言水平（高、低）为组间变量。随后，对每个水平上学生的分数分别进行单因素方差分析和事后多重检验以检测组间差异。除了用 p 值来检测组间平均分的差异之外，重复测量方差分析中使用了 partial eta squared（η_p^2）汇报效应值，根据格林和塞尔凯德（Green，Salkind，2005）的研究，η_p^2 值从 0.01 到 0.05 为小效应值，从 0.06 到 0.13 为中等效应值，大于 0.14 为大效应值。单因素方差分析的事后多重检验中采用了科恩（1988）的 d 值来计算效应值，效应值从小到大依次为 0.2、0.5 和 0.8。

对第三阶段的数据，教师问卷和学生问卷被分开处理。问卷中的定量数据都通过 SPSS 处理：先从整体上统计调查对象对融入型和分离型选项的得分并通过独立样本 t 检验分析调查对象对融入型和分离型的偏好是否有差异，随后分别统计初中、高中和大学的调查对象对融入型和分离型的偏好并通过单因素方差分析和事后多重检验查看融入型和分离型偏好得分是否有差异。问卷开放题的定性部分则采用主题分析法，对教师和学生的作答分开处理，通过反复阅读每位教师和学生的观点找出其中出现的主题，尤其是和形式聚焦教学时机相关的主题，访谈数据被作为师生偏好的进一步解释在讨论部分呈现。

3.6 本章小结

本章首先在第 2 章文献综述的基础之上提出了本书研究要解决的三大问题，然后针对每个大问题介绍了主要采用的研究方法和总的研究设计。本书研究主要分三阶段进行，本章对每一个阶段中具体的研究环境与对象、研究流程、研究工具和数据处理与分析进行了详细描述。本章研究结合了描述性研究、课堂准实验研究和问卷访谈等多种研究方法对形式聚焦教学尤其是形式聚焦教学时机进行了较系统、全面的探讨，丰富并扩展了形式聚焦教学研究。

第 4 章　初中英语教师的形式聚焦教学信念与教学实践

本章主要回答本书研究的第一个大研究问题，即初中英语教师对形式聚焦教学的教学信念和教学实践如何，以及初中英语教师教学信念和教学实践受哪些因素的影响。本章分三个部分汇报了相关研究结果：第一部分按照访谈内容分别汇报了教师关于形式聚焦教学相关概念的教学信念，第二部分汇报了教师的语法教学实践，第三部分汇报了影响教师教学信念与实践的因素。本章的研究为后续关于形式聚焦教学时机的课堂准实验研究和问卷调查提供了背景信息和有力的解释，进而能为实际教学提供更好、更贴切的启示。

4.1　教师关于形式聚焦教学的信念

4.1.1　语法的重要性

三位教师都认为语法很重要，但对语法的重视程度有所不同。教龄更长的肖老师和庞老师认为语法重要，但不是最重要的，她们不喜欢刻意进行语法教学，而喜欢在听说读写的过程中渗透语法。

肖老师认为："我更重视听说读方面，语法重要肯定是重要，因为它构建语言的基本结构，但却不是最重要的。我不太喜欢深挖、拓展很多语法点，因为这样很枯燥，我自己也会感到焦虑。我喜欢在听说读的过程中慢慢渗透语法，这样至少学生不会知难而退。针对一些语法难点或学生觉得吃力的点我也没有深挖、继续突破，反正后面九年级还会涉及。"

庞老师认为："我觉得语法很重要，但是不应该非常刻意地去强调，在听说读写中去教效果可能更好。因为我发现一个问题：我们上语法课，比如学一般过去时，让学生刚学完就去操练，那他会感觉还挺好的，因为刚学，就像公式一样，学生看到一个词就知道怎么变。但是学完以后再放到其他地方，他就完全不会用了。也就是说，学生还是像学数学公式一样学语法，看到公式才会用，并不是实际上会用。我觉得如果学生真的会用的话，要会说会写，虽然会出错但多用几次就会了。”

教龄最短的梅老师则认为语法非常重要，而且喜欢单独地教语法并让学生做笔记。梅老师认为：“如果语法和课文等混在一起讲的话，学生一会儿要听说或者理解文章一会儿又要记语法，注意力很容易就分散了。我一般情况下第一节课只讲阅读，一个语法都不讲，第二节课我再专门讲语法，学生只用专注这个语法点。然后我会让他们做笔记，笔记可以当成学生的一个查阅资料，可以加深他们的理解。”

可以看到，三位教师都认为语法很重要，而且两位老师会将语法和其他技能的教学相融合。这一结果与伯格和伯恩斯（2008）的发现一致，即大部分教师都强烈认为语法教学应该和其他技能的教学相融合而非孤立。虽然教龄最短的梅老师更偏好单独教语法，需要指出的是，这些单独列出的语法点是出现在其他技能教学如阅读中的，也就是说语法的教学依然是发生在一定语境之中的。

4.1.2　交流能力的重要性

三名老师都认为学生的交流能力对初中生而言才是最重要的，各学校对考试和交流能力也都比较重视。其中，肖老师认为这两者很难兼得，只能在以考试为主的前提下提升学生的交流能力；庞老师则指出未来中考可能会考口语，因此大家在教学上也比较重视学生的交流能力；梅老师则认为考试是对学生的一种约束，是为了以后更好地交流。

肖老师指出，除了少数基础比较好、较优秀的学生以外，其他学生的实际交流能力比较差。关于原因，她说：“一是因为课堂上本来就是以应试为主，所以平时课堂上和老师互动的只有少数那么几个学生，他们也愿意去开口说；二是因为他们的家长在这方面有一个倾向性的培养，有目的性，这就不一样了。而对于大多数其他学生来说，交流能力就欠缺了。”庞老师则指出，学生的交流能力以反复操练为主，当前语言学习的氛围和环境更侧重于与考试相关的内容，因此学生真正的交流能力有困难。梅老师在访谈中提出，他没有注重去培养学生的交流能力，但觉得学生交流能力也还不错，因为平时都会督促他们背书，而背书也是提高学生交流能力的一个方法，背诵课文还可以提高学生的写作能力。三位教师都认为，一般来说，语法好的学生交流能力也好，因为语法是基础，基础好了自然就能交流。当然也存在少数学生喜欢交流但语法能力一般或者语法好但交流能力一般的情况。学生的交际意愿和学生的年龄也有关系，七年级学生更愿意开口，到八年级就不愿意说了，九年级学生即使会说也不想说。

在课堂观察中，研究者发现，三位老师在课堂中与学生有较多互动，但这种互动主要是老师对学生的，而且以老师直接点学生回答问题的形式为主，三位老师都会非常快速地点一个或几个或一排学生起来回答问题。针对这一现象，三位老师在后续的访谈中均指出，该校教师包括其他科目教师甚至其他中学的教师都是这么做的。这一方面是因为快速地直接点学生回答问题既节约时间又可以时刻督促学生听讲，另一方面是出于初中生的心理发展特征考虑。因为，随着年龄的增长，学生越来越不愿意举手，老师也没有很多时间等学生举手回答。其中，梅老师认为：“我觉得学生心理发展的特征是一个原因，而英语不是原因，因为其他课上学生也都不举手。可能也有性格的原因，比如像比较积极的学生，可能英语课会举手、数学课也会举手。到了八年级学生基本上都比较沉闷，他不想答你的问题。七年级的学生要活跃一些，那时候可能还有一些新鲜感，那时候还可以用一些奖励措施，比如举一次手加多少分，用这种方式去鼓励他。但是到了后来就没有什么用了，搞这些他们也习惯了。七年级还比较新鲜嘛，到后来就习惯了，就无所谓了，所以就都不举手了。”此外，三位教师还指出，他们直接点学生回答问题时还考虑了不同学生的水平，这也充分体现了教师对学生个体差异的考虑。因为一般情况下举手的都是比较优秀、水平较高的学生，老师提的问题对这些优秀的学生而言没有难度，也没有什么作用。甚至肖老师认为：“点这些优秀的学生起来回答我的问题感觉就是在浪费我的资源，因为我需要的是检测一下那些中等偏下的学生是不是已经达到我的要求了，所以即使他们（优秀学生）举了手我也不会去点，除非出现一些需要拔高、体现能力的问题的时候，才有可能会去点。”庞老师和肖老师的观点一致，即在课堂中不会点水平较高的学生回答问题，而一般都是点中等偏下的学生，遇到比较简单一点的问题，还会点一些基础比较差的学生，尽量鼓励他们多说。

4.1.3 形式为主还是意义为主

虽然三位老师都认为交流能力才是对学生最重要的，但他们都更赞同形式为主的形式聚焦教学，认为有必要进行语法教学。但涉及考试因素时，三位老师的观点就显现出不一样的地方。肖老师认为，无论考不考虑考试因素，语法都是基本框架，必须要有，“就和做房子一样，这个框架必须得有，得去构建语言”。

而庞老师和梅老师则认为，就考试而言，需要形式聚焦教学，因为考试题目和语法密切相关，如果不讲语法学生就不会做题；但如果不考虑考试，他们更赞同以意义为主的教学，因为他们认为学生在以意义为主的交际中可以自动习得语法。

庞老师认为：“不考虑考试的话，我觉得语法不用刻意去学，只需要在遇到困难时针对这个难点去研究一下。我觉得说和用还是更重要些，因为，你会说会用了，其实就已经会这些语法了，就是说，在这个过程之中其实你已经学会了。”

梅老师认为：“假设不考虑考试的话，我肯定不教语法，因为我觉得学生在交际过程中会自己悟出语法，不用老师花大部分的时间去教，只要点一下就行了。我平时在语法上还是花了很多时间的，一节课我能写一黑板，但这是没有办法的，因为有考试的压力。如果不是这样的话，我觉得交流还是很重要的，英语毕竟还是要和别人交流的，只要学生会交流，语法他自动也就会了。”

这里可以明显看到考试因素对教师的教学信念和实践的影响。伯格（2009）提出，环境因素会影响教师的教学实践与教学信念一致的程度。三位老师虽然都认为交流能力是最重要的，但除了肖老师之外，其他两位老师均指出，只有在考虑考试因素的前提下才需要形式聚焦教学，若不考虑考试，则更赞同意义为主的教学。而三位老师的实际教学都是以形式聚焦教学为主的。此外，在这里也可以看到，教师的语法教学信念和实践缺乏理论支撑，大多是在外在环境影响下自己作出的主观判断，毕竟当前研究已经表明，在以意义为主的教学中学习者的语言特征最终无法发展到目标语水平，语言的准确性也不理想，而形式聚焦教学可以使二语学习者获得更接近目标语的水平，以及更好的流利度和准确性（D'Amico 2013；Lyster，2004；Norris，Ortega，2000）。这一点与前人的发现是一致的（Borg，Burns，2008；Eisenstein-Ebsworth，Schweers，1997），即关于为什么需要教语法这一问题，教师的解释大多基于自身作为学习者和教师的经历，教师很少会根据理论和研究成果来作出判断。理论研究对教师并没有显著和直接的作用，这一点对伯格和伯恩斯（2008）研究中水平较高的大学教师如此，对初中教师更是如此。

4.1.4　形式聚焦教学时机：形式和意义的教学顺序

肖老师和梅老师都认为语法教学应该和交际活动分开，而且都更偏好先进行交际活动然后再教语法，因为先进行交际活动可以让学生先有整体感知，后面再单独讲语法学生更容易接受。但对较难的语法点和学生完全没有接触过的新语法点还是会先教语法然后再开展交际活动。梅老师指出："我觉得在交际活动进行中讲语法（融入型形式聚焦教学）不是很实际，如果这样在课堂上用的话，一节课的时间肯定会不够用。老师最后只能用一两句话来稍微小结一下这个语法规则，不可能扩展或者让学生练习。"肖老师和梅老师的观点表明，他们认为需要分离型形式聚焦教学，即将形式和意义分开依次进行。具体而言，两位老师都更偏好后分离型的教学时机，即先进行意义活动然后再进行形式教学，这也是伯格和伯恩斯（2008）的研究中部分老师提出的一种融合形式，即在其他技能教学完成之后再显性地进行相应的语法教学（grammar after skills work）；但针对一些特殊情况，他们还是会使用前分离型的教学时机，即先进行语言形式教学，然后再开展相应的意义活动。

庞老师则非常赞同将语法教学和交际活动结合，偏好在交际活动进行中讲语法，然后在交际活动之后再巩固语法。她说："我更喜欢先通过交际活动引出今天可能会有哪些语法点是我们可能会用到的，然后再在交际中或交际后讲语法，交际中只是稍作讲解，交际后再去巩固强化下。"庞老师的观点表明，她更偏好融入型的形式聚焦教学时机，而且会结合融入型和分离型教学，这涵盖甚至超过了伯格和伯恩斯（2008）的研究中发现的语法和其他技能教学融合的方法，即通过交际活动引入语法，然后在交际活动中进行讲解，最后在交际活动之后进行巩固。

就学生水平的影响，三位老师认为：在交际活动进行中讲语法即融入型形式聚焦教学适合那些平时爱说但又容易出现语法问题的中等水平学生，他们需要老师及时进行纠正；先讲语法再进行相关的交际活动即前分离型形式聚焦教学适合水平较低的学生，他们需要老师先把语法讲清楚然后才能交流；先进行交际活动再教相关的语法即后分离型形式聚焦教学适用于水平较高的学生，因为这类学生有能力先去交流，在交流的过程中就有可能自己发现语法规则。

考虑到语法难易度的影响，三位老师都认为前分离型形式聚焦教学适合较难的或完全没有学过的语法点，因为这些语法点太难，必须老师先引导学生，否则学生无法进行接下来的交际活动；后分离型形式聚焦教学则适合相对简单的或学生已经有所掌握的语法点。对于融入型形式聚焦教学，肖老师和庞老师认为其适用于较容易的语法点，而梅老师则再次对这一方式表示疑惑，他认为："因为我没用过，所以我觉得这个对难易语法点都可以。我总觉得这个怪怪的。因为我以前听过好多老师上课，如果这样在课堂上用，一节课的时间肯定会不够用的，上公开课用这个方法时间肯定也不够用。可以归纳总结一个小结，比如当时我们讲现在进行时，我们可以归纳这个是 be 动词接 ing，就只能提这一两句，而不可能扩展，造几个句子啊什么的那就不能。这个只能稍微地小结一下，一整节课这样不是很实际。"梅老师的这个观点和他在实际教学中展开的大量语法扩展相符合。

4.1.5 前摄性形式聚焦还是反应性形式聚焦

三位教师都更倾向于前摄性形式聚焦即由老师提前决定所要聚焦的语言形式。他们认为反应性形式聚焦即只在学生有需求有问题的时候才关注语法是不够的，即使学生没有犯错也还是需要老师讲解语法规则，因为没有犯错不代表学生懂这个语法点或能很好地运用这个语法点，还是需要老师告诉学生其理论依据。其中梅老师指出："我觉得还是要讲才能放心。我觉得这个过程应该是老师先整体讲一遍，学生再犯错的时候再去讲他错的地方。"这一观点反映了教师进行语法教学的一种心理原因，即教师教语法不仅仅是因为他们认为教语法能提升学生的语言习得，教语法对师生产生的积极心理影响也是重要原因，因为教语法才感觉是在进行"真正的教学"，才让学生和老师感到放心，同时教语法也是一种课堂管理工具（Borg，1998，2003a）。

此外，庞老师还指出，学生有没有犯错是进行语法教学的判断标准之一，但更重要的判断标准应该是语法点的难易度。她说："学生没有犯错，并不是说他已经完全运用得很好了。我觉得还是要根据这个语法点的重要性和难易度来判断到底是否需要强化解释。语法简单一点时，比如学生学一般现在时，就比学一般过去时的时候好多了，他们能够很好地运用。到后来学一般过去时，他们学了也有两个月，但很多人做题还是完全不用 was 和 went。也就是说，学生的脑子里面很混乱，他知道要用过去时，但他就是很混乱，脑袋里面还是没有该怎么用和用哪种规则的意识。这也可能是因为在前面学习的时候学生接收的语法信息还很少，还没有别的知识点去干扰他。也就是说，刚开始学生只学单纯的一种语法知识，后来东西越学越多，而前面学的东西可能本来也没有那么牢固，则后面就会慢慢变麻烦了。"

4.1.6 显性教学还是隐性教学

三位老师都倾向于显性教学，认为教语法时，教师必须显性地、很明确地讲解和讨论语法规则。

庞老师认为："语法相当于数学里面的公式，能让学生更简单、更直接地去理解语言，即直接告诉学生如何去用语言。这可能对那些学习不是那么好但还比较努力的学生来说是一个比较有效、便捷的方式。他不懂的时候你就告诉他这样一个公式，可以在刚开始的时候慢慢去套，他套的话可能就会慢慢理解和掌握这个语法点了，就有可能不再需要用这个公式去套了。”

梅老师认为：“我的习惯是，一定先讲基本规则。比如说现在完成时，得先告诉学生什么是现在完成时，教熟了之后学生才能用，比如判定的规则、关键词这些东西，老师肯定要先讲清楚学生才能造句嘛。如果直接给学生句子让他们自己去感知的话，有些学生根本就感知不出来，而且他找不到重点在哪里，他不知道你给他这个句子是为什么。”

可以看到，三位教师都更倾向于形式聚焦教学，且都认为需要前摄性形式聚焦和显性教学，这一结果与格拉斯和库珀（Graus，Coppen，2016）的发现一致，即形式聚焦教学与意义为主的教学、前摄性形式聚焦与反应性形式聚焦、显性教学与隐性教学这三对概念高度相关，尽管它们在二语习得理论中通常被视为独立的概念，但在实际中其潜在的构造却紧密相关。

4.1.7 演绎教学法还是归纳教学法

肖老师和庞老师都非常倾向于归纳教学法，认为应该先让学生自己去发现语法规则，这样学生的印象更深。如果直接告诉学生语法规则，学生就不会自己去动脑筋思考，而让学生自己先去归纳，即使学生发现的规则可能不对，学生起码也有一个思考的过程。而且，让学生自己先去归纳，老师再进行引导，可以使学生的归纳能力有所提升，学生掌握得就会更加牢固。梅老师则表示，自己平时习惯使用演绎教学法，但表示以后会尝试使用归纳教学法。他说：“我平时上课归纳法用得很少，可能是因为自己的习惯吧。我现在觉得这种方式其实也可以，让学生自己去发现其实是能促进他们的思维的。我觉得以后我会尝试一下这个方法。”

考虑到学生水平的因素，三位教师都认为归纳法适用于水平较高的学生，因为这类学生可以自己去推导和发现规则，但学生自己归纳之后老师需要再进行一个系统的总结；而演绎教学法适合中低水平的学生，因为这些学生可能自己发现不了规则，需要老师明确告诉他们语法规则。这一结果与格拉斯和库珀（2016）的发现也是一致的，即教师们普遍认为对水平较高的学生需要采用形式聚焦教学和归纳教学法，而水平较低的学生则更适合以意义为主的教学和演绎教学法。

当前关于归纳法和演绎法效果的研究结果不一致且其与语法难易度的关系也无法确定（Robinson，1996；Tammenga-Helmantel et al.，2014），但本章研究中三位教师一致认为归纳法适用于比较简单的语法点，演绎法则适用于较难的语法点。这和格拉斯和库珀（2016）的发现也一致，即教师们普遍认为较难的语法点需要演绎教学法，而归纳教学法更适合较简单的语法点。格拉斯和库珀（2016）采用的是问卷调查的方式，因而无法探讨老师们产生此种信念的原因。他们认为，教师们可能认为隐性的、归纳式的教学与复杂的语言形式相结合对学习者的要求过高，从而会降低他们成功习得的机会。本章研究中老师们给出的解释印证了这一推论，即对较难的语法点，学生可能自己无法发现其中的规则，需要老师先呈现语法规则再让学生通过规则来练习，而较简单的语法点可以让学生自己先去发现。梅老师认为：“对于比较难的语法点比如现在完成时，如果你只是给学生一排一排的句子让他们自己去发现规则，学生连 have 为什么要加过去分词都不知道，更不可能知道这些句子是什么意思，所以需要老师先告诉学生什么是现在完成时，然后再去练习。简单一点的语法点比如一般现在时加 s 这种就很简单，给学生列举一些例子如 I walk，he walks，然后让学生自己去发现有什么不同，学生就会发现多了个 s，他们自己就能推导出单三要加 s，就是这样。”

4.1.8　具体的教学措施

肖老师认为，非常重要的教学措施有英语朗读、用诙谐幽默的方式比如顺口溜让学生记枯燥的语法规则、让学生开展交际活动、听或看英语音频视频等。肖老师提出，自己没有特别强调解释语法规则，也没有进行很多的反复操练，语法练习也只是在讲语法的时候让学生做一点配套练习，课后作业都是以阅读为主。庞老师认为，最重要的是让学生开展交际活动，此外，英语朗读、反复操练、做语法练习、解释语法规则也比较重要。梅老师则认为，最重要的教学措施是英语朗读、反复操练、做语法练习、解释语法规则。且英语朗读和反复操练是相通的，都是基础，课本上的东西需要学生先反复读熟背熟然后才能应用。做语法练习则是一种巩固，只讲语法而没有练习去消化，学生也不会掌握得很好，而讲语法练习的时候就要解释语法规则。关于听或看英语音频视频以及开展交际活动，梅老师也认为比较重要，但是课堂上没有时间去开展，用课外时间比较好。

对于老师在课上用英语进行教学，肖老师指出，自己在这方面有所欠缺，但认为这是必要的，是对学生的一种引导和示范。庞老师也认为用英语教学很重要，这能让学生有上英语课的氛围，从而引导学生也用英语来沟通。梅老师则认为用英语进行教学不是特别重要，因为完全用英语，基础较差的学生有可能完全听不懂，尤其是讲语法规则的时候。

4.2 教师的语法教学实践

三位教师的课堂教学基本上都是按教材上的步骤进行的，每个单元都包括听说课、语法课、阅读课和复习课，还会专门用一或两节课专门讲练习。每个单元用时约一个半星期。老师们每节课都会提前几分钟到课堂，先带领学生读单词并讲解本节课会出现的新单词或复习上节课学过的单词，然后再进行相应的课堂教学。三位教师的教学流程大致相同，但每位老师的教学风格不一样。

肖老师和庞老师更注重与学生的交流互动，会经常结合学生的实际生活等情况和学生进行与所学知识相关的交流互动，并且都非常强调学生用完整的句子而非单词来回答老师的问题；而梅老师的课堂更注重知识点的灌输，讲课速度较快，与学生的真实交流较少。例如，在关于童话故事的课程中，肖老师先是用视频呈现了该童话故事。学生们看视频很认真，还会用中文讨论剧情并模仿其中的音调。随后，老师通过和学生进行问答进行互动，一步步引导学生了解全故事，最后，还安排学生在课后对故事进行角色扮演并让学生在下一次课上进行展示，老师也进行了相应点评。而梅老师只是让学生分角色朗读了该故事。庞老师也经常会结合学生的实际生活引导学生进行相关语法点的对话。例如在讲过去时时，庞老师先讲述了自己昨天的经历作为示范，然后让学生交流他们昨天的经历。交际之后，老师通过一系列图片和学生进行问答，操练现在时和过去时，最终由老师总结刚才问答中出现的动词和动词过去式。对教材中安排的对话，庞老师会就对话内容与学生进行交流，并让学生进行两两对话，在交流中会及时纠正学生的错误并在学生没有回答时重复问题。而其他两位老师一般会省略对话或很简单地让学生听或读一遍。

肖老师和庞老师更重视引导学生，在学生不知道如何回答时会给一定的时间让学生思考或由老师进行示范。例如，庞老师会在课堂中让学生讲述自己的周末是如何度过的。如果学生一开始不知道如何开口，庞老师会通过重复问题、换个表达方式问问题等方法引导学生，如果学生依然沉默，庞老师会先描述自己的周末，在描述中还与学生互动，比如让学生回忆周末的天气或让学生猜自己做了什么等，然后再由学生讲述自己的周末，老师最后进行总结。在讨论如何保护动物时，肖老师会通过重复问题、换个表达方式问问题等方法引导学生，如果学生依然没有反应，则让学生看文中提到的措施，然后再次引导学生；而梅老师则直接给出四幅图片，然后点学生描述每幅图如何来保护动物，基本没有给学生思考和讨论的时间。在讲阅读时，肖老师和庞老师会通过问答互动引导学生一步步了解文章内容，而且在交流中反复要求学生用完整的句子回答问题；而梅老师与学生虽然也有较多互动，但大多互动是让学生回答练习中的问题，真实交际较少且学生的回答大多较简短。

肖老师和庞老师会在交际或讲听说、阅读的过程中穿插讲相关语法点，也会在阅读、听说课后专门用一点时间讲解其中的单词和语法点，但语法讲解都比较简短，不会进行很多额外的扩展；而梅老师会用整节课或大段时间专门讲每个部分出现的语法点，并对语法点进行大量扩展，而且非常强调学生记笔记。例如，在某单元听说课后，梅老师会专门用一节课总结数词的用法和前面听力部分的语法，在阅读课后又会花大半节课讲解阅读文章中的语法点。由于学生上学期已经学过该单元的核心语法点（比较级、最高级），肖老师只用了

8分钟带领学生对其复习了一下，而梅老师则用了大半节课（33分钟）非常系统、详细地进行了梳理，写了一整黑板的知识点（包括基本用法及扩展用法），还结合做题进行了扩展，并强调学生一定做好笔记。课后，梅老师反映，前一天学生做练习错得很多，所以，他又系统讲了一遍。

显然梅老师的教学实践更倾向于传统的语法教学方法，这与前人的发现一致，即教学经验越少的老师越赞同使用传统的教学方法（Peacock，2001；Richards et al.，1992；高强，张洁，2010）。传统的教学方法以老师进行知识讲解为主，老师可以更好地管理课堂并树立威严（高强，张洁，2010），大量的知识灌输和强化也能使学生在考试中获得更好的成绩，这些都在梅老师的课堂中有充分的展现。此外，老教师对教学流程已经非常熟悉，他们已进入更新阶段和成熟阶段（Katz，1972），因此他们能更好地反思自己的教学并关注学生的长期发展，能更好地培养学生的交际能力（高强，张洁，2010）。这一点在教龄更长的肖老师和庞老师的教学实践中已有明显表现。她们能更好地在交际中引导学生，并且会有意识地强调学生要会用完整的句子进行交流，这一点对教龄最长的肖老师尤是如此。肖老师非常强调要让学生先通过听说等交际活动让学生进行整体感知，然后再讲相应的语法。例如，某单元和后面两个单元都涉及一个全新且有难度的语法点——现在完成时。在新单元开始前，教研室老师进行了交流。大部分老师包括梅老师表示，要先上语法再进行其他教学，而肖老师坚持认为应该让学生先上听说课感知一下，然后再讲语法，因为后面迟早还要再讲。梅老师在该单元的第一节课开始时让学生拿出笔记本准备记关于现在完成时的笔记。他非常详细、系统地讲解了现在完成时，甚至覆盖了后面三个单元里才涉及的相关用法。梅老师将现在完成时的用法和规则进行了高度总结，先讲了现在完成时的四个关键词（过去发生、已经完成、现在、影响），然后讲解了现在完成时两种用法和结构，随后在黑板上详细列出了其变化规则，最后还扩展讲解了 already、yet 的用法。最后，梅老师带领学生对所讲内容逐一进行了练习并总结了现在完成时和一般过去时的区别。而肖老师第一节课依然按照教材安排先进行听说课，在听说以及和学生的交流互动中，只是把现在完成时的基本句型以短对话的方式列在黑板上让学生进行对话，如在课堂开始的交流中，首先在 PPT 上展示 6 个图书的图片让学生进行 freetalk，老师在学生交流的同时，在黑板上写了如下句型：Have you watched the movie ? yes, I have. No I haven't. Has he read\watched…？ Yes, he has. No he hasn't。随后，肖老师和学生就每本图书进行了简短交流并让学生进行对话。

综上可以发现，三位教师的语法教学信念与教学实践基本一致，这与先前大部分研究结果相符，即教师的教学信念与教学实践具有一致性（Borg，2006；Burns，1992）。尤其是对于有经验的教师而言，她们所陈述的教学信念与他们的教学实践更加吻合（Basturkmen，2012）。对语法的重要性，肖老师和庞老师认为，语法虽重要但不是最重要的。他们都喜欢在听说读的过程中教语法，因此这两位老师在实际教学中都更重视与学生的交际并引导学生进行思考和交流，语法多是在交际或听说、阅读的过程中进行，即在简短讲解或是在交际之后专门用一点时间讲解，但语法讲解都比较简短，不会进行很多额外的扩展。而梅老师则认为语法非常重要而且喜欢单独教语法，因此，梅老师在课堂中用了大块时间专门讲语法，并要求学生做好笔记。三位教师的教学实践都反映了他们对形式聚焦教学的偏好。实际教学中，三位老师会混合或结合使用前分离型、后分离型和融入型的形式聚焦教学时机。语法在三位教师的课堂中占据重要地位。对学生没有犯错的语法点，老师也都会进行讲解并且在课堂中都会非常及时地纠正学生的发音和语法错误。学生对各种错误也都非常敏感，不论是对老师还是对同伴犯的错误。学生对同伴犯的错及老师偶尔犯的错都会集体或小声提出纠正。三位老师都使用了显性教学。肖老师和庞老师会让学生先自己思考归纳语法规则，然后老师进行总结；而梅老师更多地采用了演绎教学法。至于语法教学措施，肖老师和庞老师更重视让学生通过交际活动学习，而梅老师则更多地解释语法规则并让学生进行反复操练、做语法练习。三位老师在上课时都会中英文夹杂，其中肖老师和庞老师较少用中文，只有在讲解语法、题目时会用中文，而梅老师除了用中文讲语法外，在需让学生扩展思考和讨论的部分，如讨论从这个故事中学到了什么、本文呼吁了什么时，会经常用到中文以节约时间。可以看到，三位教师的教学信念对其教学实践有直接影响，而教师的教学实践又促使教师不断修正甚至改变自己的教学信念（Borg，2003c），教学信念和教学实践的辩证关系再一次得到了体现（Foss，Kleinsasser，1996）。表 4.1 至表 4.4 简要列举和归纳了三位老师典型的教学流程（择选两节课）。由于梅老师和肖老师教学内容相同，故将两位老师典型的教学流程放在一起对比，庞老师的典型教学流程单独列出。

表 4.1 梅老师和肖老师 U6 An old man tried to move the mountains 部分教学流程 1

步骤	梅老师教学过程	肖老师教学过程
1	13min 老师带读单词并结合去年的中考题目进行相应讲解	9min 老师带读单词并结合学生实际情况进行讲解和交流，如： 教师：Were you cheated by somebody? 学生：Yes，teacher! PE teacher is ill everyday. 教师：Do you cheat somebody else? Will you cheat in the exam? 学生：No! 教师：I believe in you!
2	4min 图片描述任务，老师让学生通过图片了解《皇帝的新装》的故事，只问了“What do you see in the picture？”这一个问题。然后，非常快速地直接点学生回答，让学生用一个词进行描述，学生的回答很简短。随后，老师点学生讲述该故事，可以用中文，但学生不会，遂引入听力	12min 图片描述任务，让学生通过图片了解皇帝的新装的故事，然后点学生来描述每幅图片，老师通过细节问题（如 Who can you see in the picture？ What do you see in the box？）与学生互动一步步引导学生了解该故事，并反复要求学生用完整的句子而非单词来回答
3	18min 让学生看图片任务中的空，做听前预测，点学生翻译每一段，中间穿插讲定语从句，然后听听力	17min 让学生看图片任务中的空，做听前预测，然后听听力
4	4min 点一个学生复述该故事，及时纠正学生的语法错误	5min 点几个学生根据图片复述该故事，每个学生复述一幅图片，同时及时纠正学生读音错误
5	6min 让学生完成书上的填空题，最后拖堂讲两个词的用法	6min 让学生完成书上的填空题
6	老师用中文总结从这个故事中学到了什么	老师对本节课进行小结

表 4.2 梅老师和肖老师 U6 An old man tried to move the mountains 部分教学流程 2

步骤	梅老师教学过程	肖老师教学过程
1	5min 老师带读并讲解新单词，让学生当场背诵单词并检查	4min 让学生复述上节课讲的《皇帝的新装》的故事
2	10min 课本 2a 部分导入童话故事，老师板书故事的关键词：sleeping beauty、Cinderella、little red ridding hood，点学生快速讲故事梗概，在学生回答较慢时快速换点学生	2min 课本 2a 部分导入童话故事，让学生列举有哪些童话故事并由此引入 Hansel and Gretel 的故事
3	12min 让学生阅读 Hansel and Gretel 的故事场景并完成书上的阅读理解连线题	13min 播放 Hansel and Gretel 故事的视频，中间 PPT 显示屏几次故障，老师带全班学生回顾和讲述已播放的片段。学生看得很认真，会用中文讨论剧情并模仿其中的音调
4	10min 让学生分角色朗读该故事。对朗读中出现错误的地方让其他学生纠正。学生对各种错误都非常敏感。老师最后总体纠正并作点评	13min 老师通过一系列问题（如故事中有几个角色、角色的外貌特征是什么及该人物为什么这么做等）与学生进行互动，一步步引导学生了解全故事，同时插讲词汇用法
5	10min 让学生再次阅读该故事并完成课本 2d 部分的阅读问答	10min 让学生阅读 Hansel and Gretel 的故事场景并完成书上的阅读理解连线题
6	老师最后用中文讲完剩下的故事	9min 让学生再次阅读该故事并完成课本 2d 部分的阅读问答
7	老师布置学生完成练习	老师最后布置课后任务——准备表演 Hansel and Gretel 的故事。学生课后还讨论了角色问题

表 4.3 庞老师 U11 How was your school trip 部分教学流程

步骤	教学过程
1	2min 老师提前 2 分钟到教室，带学生读单词
2	23min 教师提问：“Where did you go yesterday？”学生没有回答，然后老师先讲述自己昨天的经历，然后点 3 名学生交流学生昨天的经历，期间，教师会引导学生扩展并及时纠正学生的语法错误，学生也会对同伴的错误进行纠正
3	2min 教师点学生回答规则和不规则动词的过去式并纠正学生的错误
4	7min 教师通过一系列图片和学生进行互动以操练现在时和过去时，最终由老师总结刚才问答中出现的动词和动词过去式

续表

步骤	教学过程
5	8min 让学生完成课本 1a 部分的图片连线题，找出每项活动对应的图片。点学生用完整的句子对每幅图片进行描述，及时纠正学生的语法错误
6	2min 让学生听关于图片连线部分的听力并点学生回答听力中关于 Jane 和 Tony 旅行情况的问题（1b），期间维持学生纪律
7	8min 让学生再次听该听力并完成课本 1c 部分的细节听力，找出 Jane 和 Tony 分别做了哪些事情，并与学生进行回答互动
8	7min 以完形填空的形式呈现该听力对话，让学生听并完成填空，最后点学生回答

表 4.4 庞老师 U12 what did you do last weekend 部分教学流程

步骤	教学过程
1	3min 老师带读单词
2	3min 老师板书单元题目，并在 PPT 上展示一系列词组，通过问题让学生将词组连成完整的句子作为回答，并用一般过去时进行对话
3	11min 让学生完成课本 1a 部分的图片连线题，并描述每幅图片中的人物做了什么，点学生回答并强调要用完整的句子回答
4	6min 让学生听图片连线部分的听力并完成听力填空，找出所做事情的时间，点学生说答案，老师和其余学生纠正。最后，老师带全班学生用完整的句子描述每一幅图片展示的内容
5	17min 老师引导学生结合自己周末的经历进行互动并提问：“That’s their weekend，now let’s talk about our weekend.What did you do last weekend？ Did you have a good weekend？”老师重复两次问题，学生依然保持沉默，于是老师先描述了自己的周末并与学生互动，让学生猜自己做了什么，然后点三位学生讲述自己周末的经历，期间老师及时纠正学生的语法错误。最后，老师进行了总结并用中文纠正学生普遍犯的错误，板书过去时错误的句子，如：I help my uncle fed chicken，让学生指出哪里有问题
6	5min 学生再次听该部分的听力并就该听力进行角色扮演

4.3 影响教师的教学信念与实践的因素

肖老师指出，对其英语教学特别是语法教学的观点和做法产生影响的因素中，最重要的是在会议、工作坊或进修课中学到的东西。肖老师经常积极参加学校或区里组织的外出学习和会议，她认为外出学习可以从其他地方尤其是一些大城市和其他优秀教师那儿学到新的方法或者学到突破某个难点的方法，这对自己来说是影响最大的。影响因素中占第二位的是学习英语的过程中自己的体会，占第三位的是学生因素，即要因材施教，根据学生的状态来调整自己的教学，最后是同事的影响，尤其是通过学校组织的讲评课相互学习。

庞老师认为，对其影响最大的因素是国家或区课程标准，因为不管关于哪方面的教学，老师都要按照课程标准来进行。第二个影响因素是学生因素，因为自己平常比较关注学生在想什么、为什么会那样想，然后会根据学生情况来作出自己的教学调整。在会议、工作坊或进修课中学到的东西以及同事的影响也很重要，因为自己想到的方法是有限的，向他人学习则会启发自己、开阔自己的思路，尤其是学校组织的讲评课对大家的帮助非常大。

梅老师则指出，对其影响最大的因素是他的初中英语老师。梅老师提出，语法学习主要是在初中，高中基本上没学什么新语法，主要是复习，且他的初中英语老师讲课的时候非常注重语法，所以初中阶段的学习对其影响最大。第二个影响因素是其学习英语的经历和同事的影响，比如平时与同事的讨论及学校组织的讲评课。

三位老师都提到了学校组织的讲评课对个人的影响。该校每月都会组织一次英语讲评课，分别由两位老师和他们的班级在录课室进行，其余教师在观课区听课，随后集体对刚才的课堂进行评课。不同于一般教室，录课室分为两区，前方为讲课区，每 5~6 个学生围坐在一个圆桌旁，教室四角都有录像，后方为观课区，两区由玻璃隔开，从讲课区看不到观课区，从而不会影响正常教学，而观课老师则可以清晰看到上课情况，还可以通过实时录像观察学生的反应。老师们认为，通过讲评课，既可以学习其他老师是怎么上课的，也可以学习其他老师是怎么听课、评课的，对讲课的教师和评课的教师而言是双赢。此外，该校每周四有固定的教研室活动，教师们会对新单元进行集体备课。教师们上课用的课件是集体备课的结果，但大家会根据自己班学生的情况进行难度调整。如果教师们认为教材基本合理，则教学步骤基本按照教材进行，但会进行适当删减和顺序调整。教师们在课后还会对自己的课堂进行反思并随时与其他教师进行讨论。

此外，考试压力对老师们的影响也显而易见。每节课后，老师会布置大量作业（以练习、考试题为主），老师课后需要花大量时间批改作业，在课堂上还需要花大量时间进行讲解。该校每个教室后方还设有班主任桌椅，班主任随时进课堂听课督促学生。家长的参与也很重要。每位学生都有家长联系簿，由家长检查学生完成所有科目作业的情况并签字。此外，每月还会邀请一位家长来听课并对老师课堂提出建议，每班有专门的家长代表参与班级管理情况记录册，其中有的家长提出应该多进行小组交流组织学生讨论，有的家长认为英语课比较活跃，老师应随时提问让学生紧跟节奏，也有家长反映老师讲得过快。

初中生的生理和心理发展尚不成熟，因此，教师和家长的作用非常重要。如肖老师所说："初中阶段学生主动学习的很少，基本都是被动状态，因此老师的督促和家长的配合很重要。英语本来就需要投入一定的时间去背，但大部分学生并不愿意背。老师如果不要求的话，学生绝对不会背，这样成绩就会往下掉，所以最后学生学习效率的提高还是要落在老师和家长身上。一方面，要看老师愿意花多少课余时间去找学生，如果老师稍微一松懈，学生的成绩就会往下掉。另一方面，要看家长有多么的尽心尽力，如果家长不管也不配合，学生的学习效率和成绩就更难说了。所以，到现在我们每天还处于'农耕阶段'，有最先进的仪器但还在农耕，尤其是在边缘地区的学校。"

以上内容充分说明环境因素对教师的教学信念和在教学中做出的教学决策有较大影响，这些因素包括社会、机构和课程标准、考试等（Borg，2003b，2009）。教龄最短的梅老师受自身英语学习经历影响最大，这再次印证了先前研究的结论：教师作为语言学习者的经历对教师的语法教学信念影响很大（Borg，2009），即诺蒂（Lortie，1975）提出的"学徒观察"（apprenticeship of observation）。但对教龄更长的肖老师和庞老师而言，学习进修和课程标准的影响显然更大。先前研究表明，教师的教学信念通常比较固定而教师教育对教师信念的影响很小甚至没有影响（Borg，2009；Peacock，2001），但随着教师教龄的增长，他们接触到的学习机会和自己的教学实践等其他环境因素的影响会越来越大，教师的教学经历和信念之间会呈现更强的双向联系（Andrews，

2003；Sato，Kleinsasser，2004），教师的教学信念会得到进一步发展（Graus，Coppen，2016）。如果长期跟踪研究则能更好地证明这一点。

4.4　本章小结

本章采用课堂观察与访谈相结合的个案描述性研究探索了初中英语教师的语法教学信念与教学实践。研究结果表明，教师的教学信念与教学实践基本一致，三位教师都认为语法很重要，都更倾向于形式聚焦教学，且都认为需要前摄性形式聚焦和显性教学。教龄不同的教师的教学信念与实践也有所不同，教龄更长的教师更注重培养学生的交际能力而教龄短的教师更倾向于传统的语法教学方法。教师的教学信念与教学实践受不同环境因素的影响，教龄更长的教师受学习进修或课程标准的影响更大，而教龄短的教师受自身语言学习经历的影响更大。此外，从本章的研究中还可以看到，研究者和教师们的交流不仅仅是观察教师课堂实践和反映教师教学信念的过程，教师通过与研究者的交流也会反思自己，如梅老师表示自己平时更多使用演绎教学法，但通过访谈表示以后也会尝试使用归纳教学法；肖老师和庞老师在研究中还会反问当前研究者们是如何看待一些问题的。这说明也许研究对实践最重要的贡献是能让教师用不同的思维方式去思考、去尝试新的实践并且通过新的谈论他们教学实践的方式来帮助他们将隐性的东西表达出来（Larsen-Freeman，2015）。鉴于当前语法教学的研究对实际教学影响有限，如果想对实际教学提供更多启示的，研究者们需要进行更多考虑课堂复杂现实的生态研究（Larsen-Freeman，Cameron，2008），以将教学和研究相结合，并根据教师的问题来构建研究框架并以一种直接和尊重的方式向教师传达研究结果，真正使得研究和实践互惠互利（Larsen-Freeman，2015）。

第5章 形式聚焦教学时机的效果

本章回答第二大研究问题——不同的形式聚焦教学时机对不同水平学习者习得不同语法点的效果，具体探讨分离型和融入型形式聚焦教学时机对我国不同水平的初中学习者是否有效，其效果有何差异，以及前分离型、后分离型和融入型形式聚焦教学时机对不同水平学习者（高、低）习得不同语法点（难、易）的显性和隐性知识的影响。针对这一研究问题，本章汇报了三项课堂准实验研究。第一项研究对斯巴达和莱特鲍恩（2008）划分的分离型和融入型形式聚焦教学时机的效果进行了探讨，第二项和第三项研究则在已有研究基础之上将分离型细分为前分离型和后分离型，对前分离型、后分离型和融入型形式聚焦教学时机对学习者习得两个难易度不同的语法点的效果开展了两项实验。本章将分别描述每个实验的教学过程及研究结果，每个实验分为四个部分，第一部分先介绍每个实验组具体的教学过程；第二部分汇报形式聚焦教学时机对该语法点的整体效果；第三部分汇报形式聚焦教学时机对高低水平学习者的效果；第四部分总结每项实验的结果，其中实验一的结果单独讨论和总结，实验二和实验三的结果放在一起进行总结和讨论。

5.1 分离型和融入型对不同水平学习者的效果

当前，国外有些研究对分离型和融入型形式聚焦教学时机的效果进行了对比，但研究结果不一致，有研究表明融入型的效果好于分离型，也有研究表明两者效果没有区别。此外，如前所述，已有研究结论的可靠性因其研究设计上的缺陷而受限，且学习者的语言水平并未作为变量之一进行探讨。并且，国外研究大多针对 ESL 学习者，对 EFL 学习者的研究明显不足。当前，国内对分离型和融入型形式聚焦的对比研究尚属空白。因此，实验一首先在国外已有研究的基础之上对比了融入型和分离型形式聚焦教学时机对我国 EFL 环境下不同水平的初中英语学习者语法习得的教学效果。需要说明的是，为了加强与前人研究结果的可比性，本章中的分离型形式聚焦教学遵从已有研究（File，Adams，2010；Spada et al.，2014），只涉及在交际活动之前聚焦语言形式，并且，本章中的"形式（form)"只聚焦于语法。本章具体回答以下问题：分离型和融入型形式聚焦教学时机对不同英语水平学习者习得语法的效果如何？两种不同的形式聚焦教学时机产生的效果之间是否有差异？为此，126 名初中生被随机分为分离组、融入组和控制组，每组学生又被分为高水平和低水平组。两个实验组分别接受分离型和融入型形式聚焦教学。所有学生都完成错误改正题的前测、即时后测和延时后测。

5.1.1　两个实验组的教学过程

实验一是关于分离型和融入型形式聚焦教学时机对学习者习得英语被动态的效果。两个实验组具体的教学过程如表 5.1、表 5.2 所示。

表 5.1　分离型形式聚焦教学过程

内容	教学步骤
形式聚焦	1. 向学生介绍今天课程的主题是被动语态。在 PPT 上展示 2 个关于发明制作的主动语态句子（如 Bell invented the telephone.），让学生找出其语法成分，然后通过问句（如 Who was the telephone invented by？）让学生在相应的被动语态句子中填空（如 The telephone was invented by Bell.），随后教师领读被动语态句子 2. 让学生找出主动句和被动句在语法结构上的区别，然后给出主动语态变为被动语态的方法，并解释现在时和过去时的被动语态构成 3. 展示给学生一系列主动语态句子，让学生将这些句子改为被动句 4. 展示一些句子，让学生用所给动词的正确形式填空（现在时、过去时的被动语态） 5. 发给学生一篇关于篮球发明的文章，让学生阅读该文并用正确的语法形式（主动语态或被动语态）填空来补齐文章，并让学生分别找出文章中的现在时和过去时的被动语态

续表

内容	教学步骤
交际活动	6. 让学生再次阅读该文章，简要给出生词意思并带读 7. 让学生找出每一个段落的主要内容，一起完成篮球发展史的填空 8. 让学生完成该文章的阅读理解部分（篮球发展时间顺序排序和正误判断），让学生结对完成并讨论问题 9. 学生小组活动：给学生展示四幅图片（telephone、car、television、computer），让学生以小组（每组 6 人）为单位猜这些发明出现的时间顺序，通过听力给出答案

表 5.2　融入型形式聚焦教学过程

内容	教学步骤
交际活动	1. 小组讨论：给学生展示四幅图片（telephone、car、television、computer），让学生以组为单位（每组 6 人）猜这些发明出现的时间顺序，通过听力给出答案。问学生是谁发明了这些，在 PPT 上用主动语态句子（如 Bell invented the telephone）展示这些东西的发明者
形式聚焦	2. 让学生找出这些句子的语法成分，然后通过问句（如 Who was the telephone invented by？）让学生在相应的被动语态句子中填空（如 The telephone <u>was invented</u> by Bell.），随后教师领读被动态句子
	3. 让学生找出主动句和被动句在语法结构上的区别，然后给出主动语态变为被动语态的方法，并讲解现在时和过去时的被动语态构成
交际活动	4. 引入篮球的话题，问学生是谁发明了篮球。发给学生一篇关于篮球发明的文章，简要给出生词意思并带读。让学生找出每一个段落的主要内容。一起完成篮球发展史的填空
形式聚焦	5. 让学生找出文中的被动句，并分辨是什么时态的被动句。展示给学生一些句子，让学生用所给动词的正确形式填空（现在时、过去时的被动语态）
交际活动	6. 让学生结对完成该文章的阅读理解部分（篮球发展时间顺序排序和正误判断）并讨论问题
形式聚焦	7. 展示给学生一系列主动语态句子，让学生将这些句子改为被动句

5.1.2　形式聚焦教学时机的整体效果

表 5.3 和图 5.1 展示了三组在改错题的前测、即时后测和延时后测中的描述性统计结果。数据显示，在满分 24 分的改错题中，三组学生的前测分数都低于 3 分，融入组和控制组的学生的前测分数高于分离组。 三个组包括控制组的学生在即时后测和延时后测中的得分都高于前测得分，其中分离组学生的得分最高。

表 5.3　ECT 描述性统计结果（满分 24 分）

小组	人数	前测	即时后测	延时后测
		平均分（标准差）	平均分（标准差）	平均分（标准差）
分离组	42	1.29（2.990）	12.36（4.113）	11.60（6.533）
融入组	42	2.12（3.248）	10.45（5.865）	6.36（5.922）
控制组	42	2.05（4.173）	3.33（6.253）	4.29（6.356）

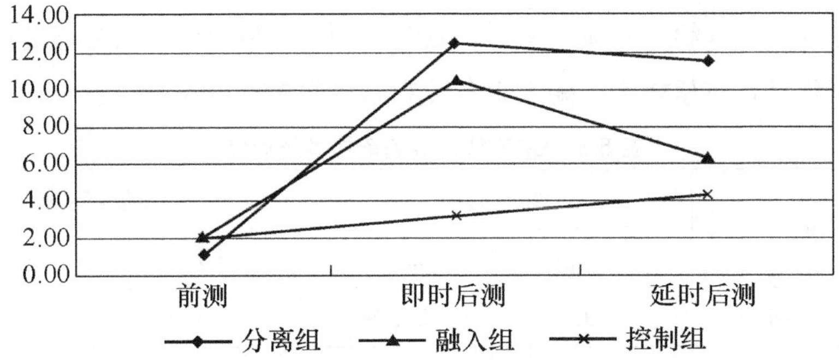

图 5.1　ECT 描述性统计数据直观图

GLM 重复测量方差分析显示，测试时间有显著主效应（p=0.000），小组也有显著主效应（p=0.000），时间和小组有显著交互效应（p=0.000）。简单效应检验结果显示，小组变量在即时后测和延时后测上都有显著简单效应；三个组在两项后测中的得分有显著差异。单因素方差分析结果进一步证明三组的前测分数无显著差异，这说明英语被动态对三组学生而言都是较新的语法点；但三组在即时后测中的分数存在显著差异（p=0.000），在延时后测中也存在显著差异（p=0.000）。事后检验结果（见表 5.4）显示，在改错题的即时后测中，分离组和融入组的得分都显著高于控制组且效应量较大，但分离组和融入组之间没有显著差异（p=0.429）。在延时后测中，分离组的得分显著高于融入组和控制组且效应量较大，融入组和控制组之间无显著差异。

表 5.4　ECT 事后检验结果

对比组	即时后测		延时后测	
	p 值	*d* 值	*p* 值	*d* 值
分离组对比融入组	0.429	0.38	0.000*	0.85
分离组对比控制组	0.000*	1.73	0.000*	1.15
融入组对比控制组	0.000*	1.19	0.113	0.34

注：* 表示 $p < 0.05$。

为进一步验证不同教学时机的效果，每组的获得分被分别计算，获得分为即时后测分数减去前测分数和延时后测分数减去前测分数。获得分的描述性统计结果见表 5.5。单因素方差结果显示，三组在改错题的即时后测和延时后测中的获得分都存在显著差异（p=0.000）。事后多重检验结果（见表 5.6）显示，即时后测中实验组的获得分都显著高于控制组且效应量较大，分离组的获得分显著高于融入组，效应量中等；延时后测中分离组的获得分显著高于融入组和控制组且效应量较大，融入组和控制组之间没有显著差异。

表 5.5　ECT 获得分的描述性统计结果

小组	即时后测		延时后测	
	平均值	标准差	平均值	标准差
分离组（n=42）	11.07	3.879	10.31	6.075
融入组（n=42）	8.33	4.589	4.24	4.792
控制组（n=42）	1.29	3.248	2.24	4.047

表 5.6　ECT 获得分的事后多重检验和效应值结果

对比组	即时后测		延时后测	
	p 值	d 值	p 值	d 值
分离组对比融入组	0.025*	0.65	0.000*	1.12
分离组对比控制组	0.000*	2.77	0.000*	1.58
融入组对比控制组	0.000*	1.79	0.227	0.46

注：* 表示 $p < 0.05$。

5.1.3　学生水平的影响

表 5.7 展示了高水平和低水平上每组学生在即时后测和延时后测中的获得分描述性统计结果。结果显示，在两次后测中，高水平组比低水平组的提升更高。在两个水平上进步最多和保持最好的都是分离型形式聚焦教学组，其次是融入型组，最后是控制组。GLM 重复测量方差分析显示，测试时间、形式聚焦时机、语言水平都具有显著主效应，分别为 $F(2，240)$=182.538、p=0.000，$F(2，120)$=12.544、p=0.000，$F(1，120)$=50.868、p=0.000；时间因素和形式聚

焦时机有显著交互效应（$F(4，240)=0\ 33.649$、$p=0.000$），时间和语言水平也有显著交互效应（$F(2，240)=13.507$、$p=0.000$）。简单效应检验结果表明，时间变量在形式聚焦的三个水平和语言水平的两个水平上都具有简单效应（$F>1$、$p<0.05$），也就是说，三个组中的每个组在三个时间的测试上得分都不一样，高低水平组在三个时间的得分也不一样。

表 5.7　不同水平下三组获得分的平均值和标准差

语言水平	分组	人数	即时后测的获得分		延时后测的获得分	
			平均值	标准差	平均值	标准差
高水平	分离组	25	12.76	3.333	11.68	5.391
	融入组	22	10.27	4.245	5.45	5.012
	控制组	17	3.12	3.723	3.88	4.742
低水平	分离组	17	8.59	3.299	8.29	6.612
	融入组	20	6.20	4.047	2.90	4.266
	控制组	25	0.04	2.189	1.12	3.127

单因素方差分析显示，高水平上的三个组在即时后测和延时后测中的获得分都存在显著差异，分别为 $F(2，61)=34.127$、$p=0.000$，$F(2，61)=14.46$、$p=0.000$；低水平上的三个组在即时后测和延时后测中的获得分也都有显著差异，分别为 $F(2，59)=41.192$、$p=0.000$，$F(2，59)=12.398$、$p=0.000$。为检验具体哪两组之间有差异，对高低水平上三个组的获得分分别进行了事后多重检验（结果见表 5.8）。结果表明，高水平组在即时后测中，分离组和融入组的进步都明显大于控制组，且都达到较大效应值；分离组比融入组的进步更明显，效应值中等。高水平组在延时后测中，分离组比融入组和控制组的进步都更大，且效应值都较大；但融入组与控制组并无显著差异。低水平组在即时后测中，分离组和融入组的获得分均非常显著地高于控制组，而分离组和融入组之间并无显著差异。低水平组在延时后测中的结果与高水平组相似，分离组比融入组和控制组的获得分都高，且效应值都大；但融入组与控制组之间并无差异。

表 5.8　不同水平学生的 ECT 获得分的事后多重检验结果

对比组	高水平				低水平			
	即时后测		延时后测		即时后测		延时后测	
	p 值	d 值	p 值	d 值	p 值	d 值	p 值	d 值
分离组对比融入组	0.028*	0.67	0.000*	1.22	0.159	0.66	0.023*	1.01
分离组对比控制组	0.000*	2.83	0.000*	1.55	0.000*	3.26	0.001*	1.52
融入组对比控制组	0.000*	1.82	0.343	0.33	0.000*	2.00	0.337	0.50

注：* 表示 $p < 0.05$。

5.1.4　讨论与总结

实验一对比了斯巴达和莱特鲍恩（2008）划分的分离型和融入型形式聚焦教学时机对不同水平学习者习得英语被动态的效果。结果表明，分离型和融入型形式聚焦教学时机都能显著促进学习者对被动态的习得，整体上分离型形式聚焦教学时机的即时和延时效果都优于融入型。对不同英语水平学习者而言，两种教学时机都有促进作用且对高水平学习者的效果更明显，其中分离型形式聚焦教学对不同水平学习者的效果都更好。具体来说，对高水平学习者而言，分离型的即时和延时效果都好于融入型，而对低水平学习者而言，这两种教学时机的即时效果并没有区别，但分离型在延迟效果上更好。

（1）两种形式聚焦教学时机对不同英语水平学习者的效果

实验一的研究结果表明，分离型和融入型形式聚焦教学都有利于促进不同英语水平学习者的语法习得。这一结果支持了前人的观点和研究发现，即在基于交际或内容的、以意义为主的二语课堂情境下，聚焦语言形式有利于促进二语习得（Ellis，2016）。例如，菲莱和亚当斯（File，Adams，2010）及斯巴达等（2014）的研究结果分别证实了两种形式聚焦教学时机都能促进二语词汇习得和二语语法习得。这说明，在以意义为主的教学中引导学生注意语言形式、将形式和意义相结合的教学对二语学习者是最有效的（Spada，Lightbown，2008；Spada et al.，2014）。

本实验一的研究另一个发现是，两种教学时机下高水平组的即时进步都显著大于低水平组。根据范帕滕（1990，1996）的输入加工模型，在相互交流过程中，学习者首先加工的是意义，只有在完成意义加工后还有剩余认知加工资源时才能够加工语言形式。因此，在学习被动语态这一新语法知识时，高水平学习者由于能更轻松地加工意义，因而有更多的注意力分配到语法形式上，而低水平学习者受语言水平的限制，要比高水平学习者花费更多加工资源才能理解意义，这导致留给加工语言形式的资源有限，尤其在融入型教学中更是难于兼顾意义和形式。发展阶段（developmental readiness）研究（Lightbown，1998；Williams，Evans，1998）表明，在加工并运用某些语法形式之前，学习者必须先掌握与之相比更简单的结构。因此，利瑟尔（Leeser，2004）提出，水平较高的学习者在发展阶段上更超前，从而能在交际任务中注意到并产出某些形式；而低水平学习者在意义理解上尚存在困难，可能很难注意到形式，即使注意也只是首先注意到含有更多实义的语言形式如词汇。被动语态与时态、动词等语言形式密切相关，高水平学习者通常更好地掌握了已学过的时态、不规则动词等相关形式，因而在学习更为复杂的被动语态时比低水平学习者更为容易。而低水平学习者对被动语态的注意力和加工的精力可能被分散在更基础的语法形式或词汇上了，从而影响了他们掌握被动语态的效果。

（2）两种形式聚焦教学时机产生的效果之间的差异

对低水平学习者而言，在即时后测中，分离型和融入型形式聚焦时机的效果没有显著差异，这与菲莱和亚当斯（2010）及斯巴达等（2014）的研究中这两种教学时机的效果不存在显著性差异的结果一致。斯巴达等人对此结果的解释是，只要是在意义交流的情景下引导学习者对形式予以关注，形式聚焦的时机可能就不那么重要了。但我们必须强调的是，虽然菲莱和亚当斯及斯巴达等人的研究中两种教学时机效果的差异没有达到显著性，但不论是对于词汇学习还是语法学习，分离型的效果都优于融入型。而且在实验一的研究中，分离型对高水平学习者的即时和延时效果都显著好于融入型，对低水平学习者的延时效果也更好。这说明，总体上分离型的效果比融入型的更好。这一结果支持了技能习得理论，即应该最先发展陈述性知识，然后这些知识才能程序化。德凯泽（1998）因此提出语法应该首先被显性地教给学习者让他们充分理解，随后通过一些练习辅助他们巩固这些语法知识，这样学习者在进行交际活动时更容易记住并用到这些语法知识。本书作者认为，本章研究中分离型优于融入型的原因主要有两点：第一，已有研究表明，清晰的目标比模糊的目标能让学习者更好地完成任务（Locke，Latham，2006），对尚处于初中阶段的学生尤其如此。因为，他们还没有形成很完善的认知和逻辑体系，语言水平和词汇量也有限（Murray，Christison，2011）。在分离型教学中，学生的学习目标更加清晰。教师首先会明确告诉学生，今天学习的主题是被动语态，然后通过显性讲解让学生最大程度地理解被动语态的用法，接下来的句子变化和填空练习则进一步巩固了学生关于被动语态的知识。因为学生很清楚整堂课的焦点和学习目标在哪里，所以在随后的交际活动中也会有意识地、积极主动地使用被动语态。而在融入型教学中，教师是通过交际活动引出被动语态的。这时，虽然也强调了被动语态是今天学习的重点，但这一目标很容易在话题讨论、文章理解等交际活动中被淡化。第二，根据信息加工理论，人类大脑的加工能力有限，同时注意形式和意义对于学习者尤其是早期阶段的学习者是很困难的（VanPatten，1990）。在分离型教学中，学生的认知负担更轻，在老师显性讲解语法时他们只需要注意正在学习的被动语态结构，他们的注意力资源比较集中。但在融入型教学中，学生需要同时注意被动语态和各种交际活动，对被动语态的注意分散在了图片讨论、阅读理解等交际活动中。正如菲莱和亚当斯（2010）所说，交际情景中的学习在意义、形式和使用之间产生了即时的联系，因此有利于提高学习效果，但同时也削弱了学习者专门针对形式学习的注意力。

实验一对比了分离型和融入型形式聚焦教学时机对不同英语水平学习者语法习得的效果，结果如下：第一，两种形式聚焦教学时机都有利于促进不同英语水平学习者的语法习得，对高水平学习者效果更明显；第二，对不同水平学习者而言，分离型的效果总体上显著好于融入型。具体来说，对高水平学习者而言，分离型的即时和延时效果都好于融入型，而对低水平学习者而言，这两种教学时机的即时效果并没有区别，但分离型在延迟效果上更好。由此可见，在学习者水平往往参差不齐的现实课堂中，教师可以采用分离型形式聚焦教学。必须指出的是，由于本章研究中，各组被试人数低于 30 人，因此我们在解读研究结果时要考虑到这一不足。此外，本章研究只探讨了被动语态这一种语言形式，而不同语言形式所产生的效果可能会有所差异，因此，本书作者在实验一的基础之上进一步开展了实验二和实验三的研究，以探讨形式聚焦教学时机对难易度不同的语法形式的效果。

5.2　前分离型、后分离型和融入型对较难语法点的效果

当前关于形式聚焦教学时机的研究都只关注了分离型形式聚焦教学中的一种形式，即在交际活动开展之前聚焦语言形式。但分离型形式聚焦教学中教师还可以引导学习者在交际活动结束后聚焦语言形式。如前所述，认知心理学和二语习得领域的研究都表明，在交际活动之前和之后聚焦语言形式的效果不一样。因此，本章研究在斯巴达和莱特鲍恩（2008）的基础之上将分离型形式聚焦教学细分为前分离型（在交际活动开展之前聚焦语言形式）和后分离型形式聚焦教学（在交际活动结束之后聚焦语言形式），进一步开展实验二和实验三的课堂准实验研究，对比前分离型、后分离型和融入型三种形式聚焦教学时机对不同水平学习者习得不同难易度语法点的教学效果。

5.2.1　三个实验组的教学过程

实验二是关于前分离型、后分离型和融入型形式聚焦教学时机对学习者习得较难语法点——形容词、副词的比较级的效果。前分离组中，教师引导学生先聚焦语言形式，然后进行意义为主的活动；后分离组中，教师先引导学生开展以意义为主的活动，然后引导学生聚焦意义活动中的语言形式；融入组中，教师引导学生在以意义为主的活动中聚焦语言形式。教学材料均来自课本，每组具体的教学过程见表 5.9。

表 5.9　前分离组比较级实验教学步骤

教学时间	教学过程（加粗字体为形式聚焦部分，普通字体为意义为主部分）
第 1 节课（45 mins）	**1. 新单词学习，然后在 PPT 上展示一系列人物对比的图片，给出正反义词，如 tall、short，让学生比较图中的两个人物；把刚才所有图片比较的句子放在一起，让学生思考这些句子的目的是什么，引出今天课程的主题——形容词和副词的比较级** **2. 简要介绍比较级的含义，表示两者（人或物）之间的比较；让学生从刚才所示的所有句子中总结比较级的基本句型“主语 + 谓语动词 +adj./adv.（比）+than+ 对比成分”** **3. 让学生仔细对比上述所有句子，找出不同之处；单独挑出形容词和副词的比较级形式，让学生先自己发现其构成规则，然后老师总结比较级的规则和不规则变化** **4. 让学生阅读课本 Section B 2b 部分的三段文章（Jeff、Huang 和 Mary 关于朋友应该相同还是不同的观点），找出每一段中出现的规则和不规则比较级，全班一起回答并纠正学生的错误** **5. 讲授比较级的运用，包括同级比较以及比较级常见用法和应该注意的地方。给学生一系列有关比较级的问答句子让学生运用比较级**
第 2 节课（45 mins）	1. 新单词学习，然后通过一首歌曲 The more we get together 简要复习比较级。通过人物对比的系列图片引入话题，讨论人物个性和对比人物 2. 学生完成任务一。听 Section A 2a 部分关于一则采访的听力，让学生分别找出 Tina 和 Tara 的差异；学生再听一遍该对话；三人一组完成采访的角色扮演任务，一个学生作为采访者，采访另外两名学生的不同之处；邀请两组学生在全班展示他们的采访 3. 学生完成任务二。教师总结：“通过刚才的采访我们发现大家有很多相似之处和不同之处。”然后引导学生思考和讨论一个问题：“We all need friends in our life. Should friends be the same or different？ Why？”并让几个学生发表他们的观点；引导学生看 Section B 2b 部分的三段文章，让学生找出文中三个人对此问题的不同看法；让学生完成 Section B 2c 部分关于以上文章中观点的 True/False 判断任务；让学生先写下关于自己好朋友的一些句子；让几个学生对全班同学用几个句子描述自己的好朋友，让其他同学猜是谁 4. 学生完成任务三。完成课本 Section B 4 部分，读一则招聘信息——英语学习中心招聘学生助手，并由每班推荐学生，再让学生以组为单位讨论推荐班上哪位同学及其原因。最后，全班投票

表 5.10　后分离组比较级实验教学步骤

教学时间	教学过程（加粗字体为形式聚焦部分，普通字体为意义为主部分）
第 1 节课（45 mins）	1. 新单词学习，然后通过一首歌曲 The more we get together 简单热身。通过人物对比的系列图片引入话题，讨论人物个性和对比人物 2. 学生完成任务一。听 Section A 2a 部分关于一则采访的听力，让学生分别找出 Tina 和 Tara 的差异；学生再听一遍该对话；三人一组完成采访的角色扮演任务，一个学生作为采访者，采访另外两名学生的不同之处；邀请两组学生在全班展示他们的采访 3. 学生完成任务二。教师总结："通过刚才的采访我们发现大家都很多相似之处和不同之处。"然后引导学生思考和讨论一个问题："We all need friends in our life. Should friends be the same or different？ Why？"并让几个学生发表他们的观点；引导学生看 Section B 2b 部分的三段文章（Jeff、Huang 和 Mary 关于朋友是应该相同还是不同的观点），让学生找出文中三个人对此问题的不同看法；让学生完成 Section B 2c 部分关于以上文章中观点的 True/False 判断任务；让学生先写下关于自己好朋友的一些句子；让几个学生对全班同学用几个句子描述自己的好朋友，让其他同学猜是谁 4. 学生完成任务三。完成课本 Section B 4 部分，读一则招聘信息——英语学习中心招聘学生助手，需要每班推荐学生，再让学生以组为单位讨论推荐班上哪位同学及其原因。最后全班投票
第 2 节课（45min）	**1. 新单词学习，然后在 PPT 上展示上节课中出现的一系列人物对比的图片，简要回顾人物对比，突出显示其中出现的比较级，如 taller、shorter；把所有图片比较的句子放在一起，让学生思考这些句子的目的是什么，引出今天课程的主题——形容词和副词的比较级** **2. 简要介绍比较级的含义，表示两者（人或物）之间的比较；让学生从刚才所示的所有句子中总结比较级的基本句型"主语 + 谓语动词 +adj./adv.（比）+ than+ 对比成分"** **3. 让学生仔细对比上述所有句子，找出不同之处；单独挑出形容词和副词的比较级形式，让学生先自己发现其构成规则，然后老师总结比较级的规则和不规则变化** **4. 让学生阅读 Section B 2b 部分的三段文章，找出每一段中出现的规则和不规则的比较级，全班一起回答并纠正学生的错误** **5. 讲授比较级的运用，包括同级比较以及比较级常见用法和应该注意的地方；给学生一系列有关比较级的问答句子让学生运用比较级**

表 5.11　融入组比较级实验教学步骤

教学时间	教学过程（加粗字体为形式聚焦部分，普通字体为意义为主部分）
第 1 节课（45 mins）	1. 新单词介绍。通过歌曲 The more we get together 简单热身。在 PPT 上展示一系列人物对比的图片，给出正反义词如 tall、short，让学生比较图中的两个人物，从而引入话题、讨论人物个性、对比人物；**把刚才所有图片比较的句子放在一起，让学生思考这些句子的目的是什么；简要介绍比较级的含义——表示两者（人或物）之间的比较；让学生从刚才所示的所有句子中总结比较级的基本句型“主语 + 谓语动词 +adj./adv.（比）+than+ 对比成分”**。 2. 学生完成任务一。听 Section A 2a 部分关于一则采访的听力，让学生分别找出 Tina 和 Tara 的差异；**挑出采访中出现的规则比较级形式如 fast-faster、early-earlier、outgoing-more outgoing 等，让学生先自己发现其构成规则，然后老师总结比较级的规则变化**；学生再听一遍该对话，然后三人一组讨论并完成采访的角色扮演任务，一个学生作为采访者，采访另外两名学生的不同之处；邀请两组学生在全班展示他们的采访；**对学生在讨论中出现的比较级错误进行纠正。** 3. 学生完成任务二的第一部分。教师总结：“通过刚才的采访我们发现大家都很多相似之处和不同之处。”然后引导学生思考和讨论一个问题：“We all need friends in our life.Should friends be the same or different？ Why？”并让几个学生发表他们的观点；引导学生看 Section B 2b 部分的三段文章，让学生找出文中三个人对此问题的不同看法。**让学生再次阅读这三段文章，找出每一段中出现的比较级，全班一起回答，并纠正学生的错误。**
第 2 节课（45 mins）	1. 简要回顾 Section B 2b 部分的三段文章以及文中三人对朋友同或异的观点，**老师引导学生注意文中出现的比较级不规则变化如 good-better，最后讲解并总结比较级的不规则变化**，最后让学生完成 Section B 2c 部分关于以上文章中观点的 True/False 判断任务。 2. 让学生先写下关于自己好朋友的一些句子；让几个学生对全班同学用几个句子描述自己的好朋友，让其他同学猜是谁；**对学生在讨论中出现的比较级错误进行纠正；总结比较级的运用，包括同级比较、比较级的常见用法和比较级使用应该注意的地方。** 3. 学生完成任务三：完成课本 Section B 4 部分，读一则招聘信息——英语学习中心招聘学生助手，需要每班推荐学生，让学生以组为单位，讨论推荐班上哪位同学及其原因，并全班投票；**对学生在讨论中出现的比较级错误进行纠正；给学生一系列有关比较级的问答句子让学生运用比较级。**

5.2.2　形式聚焦教学时机的整体效果

关于比较级的 ECT 和 Timed GJT 见本书附录 3。Cronbach’s alpha 系数显

示，ECT 的前测信度为 0.710，即时后测信度为 0.917，延时后测信度为 0.913；Timed GJT 前测信度为 0.702，即时后测信度为 0.713，延时后测信度为 0.721。学习者在 ECT 和 Timed GJT 中的得分被分开计算，去掉前测、即时后测和延时后测三测分数不全的数据，最后 ECT 中前分离组 55 人、后分离组 63 人、融入组 54 人，Timed GJT 中前分离组 51 人、后分离组 55 人、融入组 45 人。

（1）ECT 结果

表 5.12 和图 5.2 呈现了 ECT 改错题中每组的描述性统计结果。

表 5.12　ECT 描述性统计结果（满分 24 分）

分组	时间	平均值	标准差	最小值	最大值
前分离组（n=55）	前测	2.05	2.085	0	9
	即时后测	14.27	5.397	0	22
	延时后测	11.85	5.638	1	20
后分离组（n=63）	前测	3.24	3.859	0	15
	即时后测	11.91	6.918	1	23
	延时后测	10.84	6.677	0	20
融入组（n=54）	前测	3.26	3.354	0	12
	即时后测	12.70	6.351	0	23
	延时后测	9.83	6.445	0	20

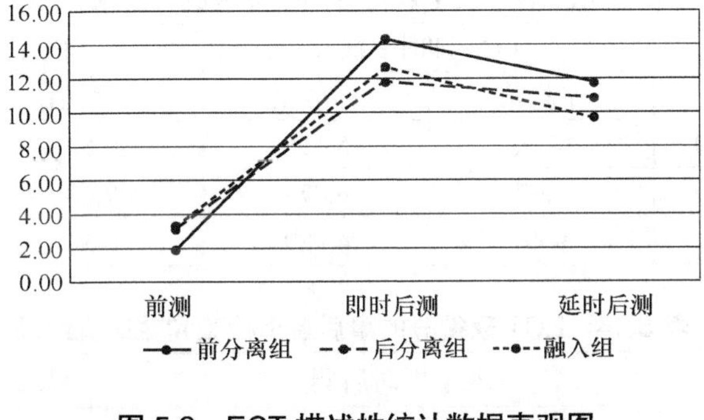

图 5.2　ECT 描述性统计数据直观图

从图、表中可以看到如下结果：①在满分为 24 分的改错题中，三组的前测分数都较低（小于 4 分），后分离组和融入组的前测分数高于前分离组，这说明形容词和副词的比较级对学生而言是一个较新的语法点；②三个组在即时后测和延时后测中的得分都高于其前测得分；③前分离组的即时后测和延时后测成绩均高于后分离组和融入组。

数据分析过程中，首先计算 ECT 前测差异。单因素方差分析结果显示，三组前测的分数无显著差异 $F(2, 169)=2.566$、$p=0.080$，这说明三个班的学习者在实验教学之前对比较级的知识掌握程度相当，两个后测中的分数的差异可以归因于教学措施的效果。然后，ECT 的即时后测和延时后测中每组的获得分被分别计算，描述性统计结果见表 5.13。关于 ECT 获得分的重复测量方差分析结果显示，时间有显著主效应且效应值较大，$F(1, 169)=28.337$、$p=0.000$、$\eta_p^2=0.144$；分组也有显著主效应，效应值中等，$F(1, 169)=8.222$、$p=0.000$、$\eta_p^2=0.089$；时间和分组没有交互效应，$F(2, 169)=1.940$、$p=0.147$、$\eta_p^2=0.022$。单因素方差分析结果显示，即时后测中三组的获得分有差异，$F(2, 169)=6.915$、$p=0.001$，延时后测的获得分也有差异，$F(2, 169)=6.238$、$p=0.002$。

事后多重检验结果（见表 5.14）显示，ECT 即时后测中，前分离组的获得分显著大于后分离组，效应值中等，前分离组的获得分也显著大于融入组，效应值中等。后分离组和融入组的获得分没有显著差异；ECT 延时后测中，前分离组的获得分显著大于后分离组，效应值接近中等水平，前分离组的获得分也显著大于融入组，效应值中等，后分离组和融入组没有显著差异。

表 5.13　ECT 获得分的描述性统计结果

分组	ECT 即时后测		ECT 延时后测	
	平均值	标准差	平均值	标准差
前分离组（n=55）	12.22	5.116	9.80	5.151
后分离组（n=63）	8.67	5.878	7.60	4.901
融入组（n=54）	9.44	4.989	6.57	4.583

表 5.14　ECT 获得分的事后多重检验和效应值结果

对比组	ECT 即时后测		ECT 延时后测	
	p 值［95% 置信区间］	d 值	p 值［95% 置信区间］	d 值
前分离组对比后分离组	0.000*［1.59 ～ 5.51］	0.65	0.016*［0.42 ～ 3.98］	0.44
前分离组对比融入组	0.008*［0.74 ～ 4.80］	0.56	0.001*［1.38 ～ 5.07］	0.67
后分离组对比融入组	0.436［–2.74 ～ 1.19］	–0.14	0.258［–0.76 ～ 2.82］	0.22

注：* 表示 $p < 0.05$。

（2）Timed GJT 结果

表 5.15 和图 5.3 呈现了 Timed GJT 限时语法判断题中每组的描述性统计结果，可以看到如下结果：①三组的前测分数接近；②三个组在即时后测和延时后测中的得分都高于其前测得分；③前分离组的即时后测和延时后测成绩均高于后分离组和融入组。

表 5.15　Timed GJT 描述性统计结果（满分 24 分）

分组	时间	平均值	标准差	最小值	最大值
前分离组（*n*=51）	前测	9.19	4.499	0	15
	即时后测	14.60	2.964	6	22
	延时后测	13.31	3.422	6	21
后分离组（*n*=55）	前测	9.21	5.510	0	20
	即时后测	13.59	3.763	2	20
	延时后测	11.74	4.960	0	21
融入组（*n*=45）	前测	9.31	5.236	0	16
	即时后测	13.00	2.964	2	17
	延时后测	12.11	2.971	9	19

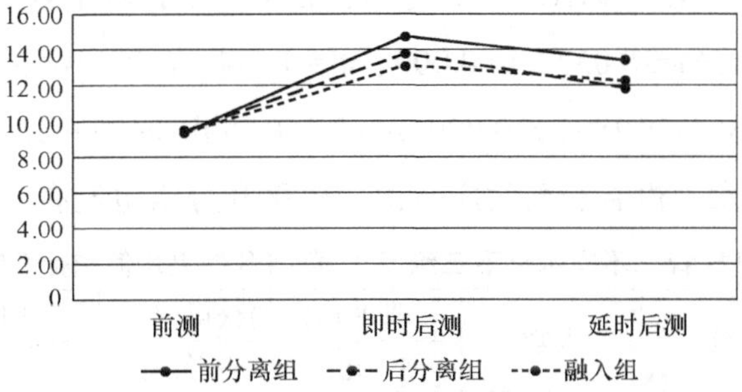

图 5.3　Timed GJT 描述性统计数据直观图

在数据分析过程中，首先计算 Timed GJT 前测差异。单因素方差分析结果显示，三组前测无显著差异 $F(2, 148)=0.008$、$p=0.992$。然后，Timed GJT 的即时后测和延时后测中每组的获得分被分别计算，描述性统计结果如表 5.16 所示。关于 Timed GJT 获得分的重复测量方差分析结果显示，时间有显著主效应，效应值接近中等，$F(1, 148)=0.372$、$p=0.004$、$\eta_p^2=0.055$；分组没有显著主效应，$F(2, 148)=1.566$、$p=0.212$、$\eta_p^2=0.021$；时间和分组没有交互效应，

$F(2, 148)=0.372$、$p=0.690$、$\eta_p^2=0.005$。单因素方差分析结果再次证明，即时后测中三组的获得分没有差异，$F(2, 148)=1.107$、$p=0.333$，延时后测的获得分也没有显著差异，$F(2, 148)=1.418$、$p=0.245$。

表 5.16　Timed GJT 获得分的描述性统计结果

分组	GJT 即时后测		GJT 延时后测	
	平均值	标准差	平均值	标准差
前分离组（n=51）	5.41	5.158	4.12	5.090
后分离组（n=55）	4.38	6.431	2.53	5.367
融入组（n=45）	3.69	5.431	2.80	4.865

5.2.3　学生水平的影响

（1）ECT 结果

表 5.17 展示了 ECT 中高低水平上每组学生在即时后测和延时后测中的获得分描述性统计结果。可以看到，在两次后测中，高水平组比低水平组的提升更高，保持得也更好。高低水平上提升最多和保持最好的都是前分离组。GLM 重复测量方差分析结果显示，测试时间、分组、语言水平都具有显著主效应，分别为 $F(1, 166)=28.037$、$p=0.000$、$\eta_p^2=0.144$，$F(2, 166)=9.055$、$p=0.000$、$\eta_p^2=0.098$，$F(1, 166)=58.289$、$p=0.000$、$\eta_p^2=0.260$；测试时间和分组没有交叉效应，测试时间和语言水平没有交叉效应，语言水平和分组也没有交叉效应。

表 5.17　不同水平下三组 ECT 获得分的平均值和标准差

语言水平	分组	人数	即时后测的获得分		延时后测的获得分	
			平均值	标准差	平均值	标准差
低水平	前分离组	26	10.00	5.614	8.00	5.477
	后分离组	32	6.19	5.165	4.81	4.395
	融入组	31	7.45	4.898	4.94	4.553
高水平	前分离组	29	14.21	3.697	11.41	4.322
	后分离组	31	11.23	5.524	10.48	3.577
	融入组	23	12.13	3.757	8.78	3.668

单因素方差分析结果显示，低水平上的三个组在即时后测和延时后测中的获得分都存在显著差异，分别为 $F(2, 86)=3.914$、$p=0.024$，$F(2, 86)=3.932$、$p=0.023$；高水平上的三个组在即时后测中的获得分有显著差异，

$F(2，80)=3.430$、$p=0.037$，但在延时后测中的获得分只有边缘差异，$F(2，80)=2.989$、$p=0.056$。为检验具体哪两组之间有差异，对高低水平上三个组的获得分分别进行了事后多重检验，结果见表 5.18 和 5.19。结果表明，低水平组在即时后测中，前分离组的获得分显著大于后分离组，效应值中等；低水平组在延时后测中，前分离组的获得分显著大于后分离组和融入组，效应值均中等；高水平组在即时后测中，前分离组获得分显著高于后分离组，效应值中等；高水平组在延时后测中，前分离组的获得分显著大于融入组，效应值中等。

表 5.18　低水平学习者在 ECT 中获得分的事后多重检验结果

对比组	即时后测		延时后测	
	p 值［95% 置信区间］	*d* 值	*p* 值［95% 置信区间］	*d* 值
前分离组对比后分离组	0.007*［1.08 ～ 6.55］	0.72	0.014*［0.67 ～ 5.70］	0.66
前分离组对比融入组	0.069［−0.21 ～ 5.30］	0.50	0.018*［0.53 ～ 5.60］	0.62
后分离组对比融入组	0.338［−3.87 ～ 1.35］	−0.25	0.919［−2.52 ～ 2.28］	−0.03

注：* 表示 $p < 0.05$。

表 5.19　高水平学习者在 ECT 中获得分的事后多重检验结果

对比组	即时后测		延时后测	
	p 值［95% 置信区间］	*d* 值	*p* 值［95% 置信区间］	*d* 值
前分离组对比后分离组	0.012*［0.68 ～ 5.29］	0.64	0.356［−1.06 ～ 2.92］	0.24
前分离组对比融入组	0.101［−0.42 ～ 4.57］	0.57	0.017*［0.48 ～ 4.79］	0.66
后分离组对比融入组	0.466［−3.36 ～ 1.55］	−0.19	0.115［−0.42 ～ 3.82］	0.48

注：* 表示 $p < 0.05$。

（2）Timed GJT 结果

表 5.20 展示了高低水平上每组学生在即时后测和延时后测中的获得分描述统计结果。结果显示，在两次后测中，高水平组比低水平组的提升更高。低水平上进步最多和保持最好的都是前分离组，高水平学习者在即时后测中后分离组获得分最高，在延时后测中前分离组获得分最高。GLM 重复测量方差分析显示，测试时间有显著主效应，$F(1，145)=8.441$、$p=0.004$、$\eta_p^2=0.055$，语言水平也有显著主效应，$F(1，145)=7.630$、$p=0.006$、$\eta_p^2=0.050$，但分组没有主效应，$F(2，145)=1.337$、$p=0.266$、$\eta_p^2=0.018$；测试时间和分组没有交叉效应，测试时

间和语言水平没有交叉效应，语言水平和分组也没有交叉效应。

表 5.20　不同水平下三组 Timed GJT 获得分的平均值和标准差

语言水平	分组	人数	即时后测的获得分		延时后测的获得分	
			平均值	标准差	平均值	标准差
低水平	前分离组	23	4.91	4.611	2.65	4.468
	后分离组	28	2.86	6.090	0.50	2.742
	融入组	26	3.54	5.368	2.31	4.823
高水平	前分离组	28	5.82	5.618	5.32	5.327
	后分离组	27	5.96	6.501	4.63	6.558
	融入组	19	3.89	5.656	3.47	4.971

单因素方差分析证明，低水平上的三个组在即时后测和延时后测中的获得分都没有显著差异，分别为 $F(2, 74)=0.919$、$p=0.403$，$F(2, 74)=2.133$、$p=0.126$；高水平上的三个组在即时后测和延时后测中的获得分都没有显著差异，分别为 $F(2, 71)=0.794$、$p=0.456$，$F(2, 71)=0.590$、$p=0.557$。

5.2.4　实验结果总结

关于前分离型、后分离型和融入型形式聚焦教学时机对不同水平学习者习得较难语法点的效果，对形容词和副词比较级的研究结果总结如下。

（1）ECT 即时后测和延时后测中，前分离组的获得分显著大于后分离组和融入组，后分离组和融入组的获得分没有显著差异。这说明前分离型形式聚焦教学对学生习得比较级的显性知识效果更好。

（2）Timed GJT 即时后测和延时后测中，三组的获得分都没有显著差异。这说明三种形式聚焦教学时机对学习者的隐性知识效果相当。

（3）学习者在 ECT 中的获得分都高于在 Timed GJT 中的获得分。这说明形式聚焦教学对学习者的显性知识效果比隐性知识效果更明显。

（4）ECT 中，前分离型形式聚焦教学对低水平和高水平学习者的效果都更好。

（5）Timed GJT 中，三种形式聚焦教学对低水平和高水平学习者的效果相当。

5.3　前分离型、后分离型和融入型对较易语法点的效果

5.3.1　三个实验组的教学过程

实验三是关于前分离型、后分离型和融入型形式聚焦教学时机对学习者习得较容易的语法点——一般将来时的效果。前分离组中，教师引导学生先聚焦语言形式，然后进行意义为主的活动；后分离组中，教师先引导学生开展以意义为主的活动，然后引导学生聚焦意义活动中的语言形式；融入组中，教师引导学生在以意义为主的活动进行之中聚焦语言形式。每个实验组的具体教学步骤见表 5.21。

表 5.21　前分离组一般将来时实验教学步骤

教学时间	教学过程（加粗字体为形式聚焦部分，普通字体为意义为主部分）
第 1 节课（45 mins）	**1. 新单词学习** **2. 让学生看课本第 51 页 Grammar Focus 中 few、less 的用法并让学生完成 Grammar Focus 3a 中的句子填空** **3. 带学生读 Grammar Focus 表格中关于一般将来时的句子；让学生不看书完成 PPT 上关于一般将来时的填空** **4. 让学生思考这是什么语法点，引入一般将来时并引导学生思考一般将来时的功能和用法。老师讲解一般将来时的基本概念（表示将要发生的动作或存在的状态，还可以表示将来经常或反复发生的动作）和用法（助动词表将来、情态动词表意愿或请求）** **5. 让学生通过 Grammar focus 中的句子先自己总结一般将来时的基本句型，然后由老师讲解并总结一般将来时的肯定句、否定句、疑问句句型并通过句型转换进行操练** **6. 让学生完成 Grammar Focus 3b 部分，让学生自己填写关于未来的句子的后半句，然后简要讲解助动词 will 的用法和 There be 的一般将来时用法，最后对比 be going to 和 will 的用法**
第 2 节课（45min）	1. 新单词学习。通过让学生讨论"What will the future be like？"引入课本 Section A 1a 部分关于未来的预测 2. 先带领学生读 Section A 1a 部分关于未来 100 年的六句预测，解释里面的生词；解释标题，确保学生知道他们要做什么；让学生以小组为单位讨论他们是否同意这六条关于未来的预测，让学生记下每组成员的意见和解释原因，最终每组选一名代表向全班介绍自己组的结果；完成 Section A 1b 关于上述预测对话的听力，让学生圈出所听到的句子；让学生完成 Section A 1c 进行关于上述未来预测的对话

续表

教学时间	教学过程（加粗字体为形式聚焦部分，普通字体为意义为主部分）
第 2 节课（45min）	3. 老师总结并引导学生展开下一任务："以上我们讨论的是 100 年后的世界。100 年以后离我们还比较遥远，接下来我们讨论更实际一些的'20 年后的我'。"然后让学生畅想 20 年后的自己，给学生一个参照的表格，学生可以根据其中的内容预测未来自己的工作生活是怎样的，让学生以小组或结对交流，或点几个学生汇报 4. 老师总结并引导学生展开下一任务："20 年后，不仅我们自己，整个城市都会发生变化。So what will a city be like in the future？" 让学生结对或以小组讨论，然后点学生汇报。对学生再作如下要求："以上是我们的讨论，接下来我们将听一个对话，听听他们的观点"最后完成 Section A 2a、2b 部分关于未来的听力和 2c 部分的对话练习 5. 完成 Section A 2d 部分。让学生先观察现在和未来两幅图片，让学生自己进行讨论和对比；通过几个问题让学生理解 2d 的对话；学生听 2d 并角色扮演对话

表 5.22　后分离组一般将来时实验教学步骤

教学时间	教学过程（加粗字体为形式聚焦部分，普通字体为意义为主部分）
第 1 节课（45 mins）	1. 新单词学习。通过让学生讨论"What will the future be like？"引入课本 Section A 1a 部分关于未来的预测 2. 先带领学生读 Section A 1a 部分关于未来 100 年的六句预测，解释里面的生词；解释标题，确保学生知道他们要做什么；让学生以小组为单位讨论他们是否同意这六条关于未来的预测，让学生记下每组成员的意见和解释原因，每组选一名代表向全班介绍自己组的结果；完成 Section A 1b 关于上述预测对话的听力，让学生圈出所听到的句子；让学生完成 Section A 1c 进行关于上述未来预测的对话 3. 老师总结并引导学生展开下一任务："以上我们讨论的是 100 年后的世界。100 年以后离我们还比较遥远，接下来我们讨论更实际一些的'20 年后的我'。"然后让学生畅想 20 年后的自己，给学生一个参照的表格，学生可以根据其中的内容预测未来自己的工作、生活是怎样的，让学生以小组或结对交流，或点几个学生汇报 4. 老师总结并引导学生展开下一任务："20 年后不仅我们自己，整个城市都会发生变化。So what will a city be like in the future？" 让学生结对或以小组讨论然后点学生汇报。对学生再作如下要求："以上是我们的讨论，接下来我们将听一个对话，听听他们的观点"。最后完成 Section A 2a、2b 部分关于未来的听力和 2c 部分的对话练习 5. 完成 Section A 2d 部分。让学生先观察现在和未来两幅图片，让学生自己进行讨论和对比；通过几个问题让学生理解 2d 的对话；学生听 2d 并角色扮演对话

续表

教学时间	教学过程（加粗字体为形式聚焦部分，普通字体为意义为主部分）
第 2 节课 （45min）	**1. 新单词学习** **2. 让学生看课本第 51 页 Grammar Focus 中 few、less 的用法并让学生完成 Grammar Focus 3a 中的句子填空** **3. 带学生读 Grammar Focus 表格中关于一般将来时的句子；让学生不看书，完成 PPT 上关于一般将来时的填空** **4. 让学生思考这是什么语法点，引入一般将来时并引导学生思考一般将来时的功能和用法。老师讲解一般将来时的基本概念（表示将要发生的动作或存在的状态，还可以表示将来经常或反复发生的动作）和用法（助动词、表将来、情态动词表意愿或请求）** **5. 让学生通过 Grammar focus 中的句子先自己总结一般将来时的基本句型，然后由老师讲解并总结一般将来时的肯定句、否定句、疑问句句型并通过句型转换进行操练** **6. 让学生完成 Grammar Focus 3b 部分，让学生自己填写关于未来的句子的后半句，然后简要讲解助动词 will 的用法和 There be 的一般将来时用法，最后对比 be going to 和 will 的用法**

表 5.23　融入组一般将来时实验教学步骤

教学时间	教学过程（加粗字体为形式聚焦部分，普通字体为意义为主部分）
第 1 节课 （45 mins）	1. 新单词学习。通过让学生讨论“What will the future be like？”引入课本 Section A 1a 部分关于未来的预测 2. 先带领学生读 Section A 1a 部分关于未来 100 年的六句预测，解释里面的生词；解释标题，确保学生知道他们要做什么；让学生以小组为单位讨论他们是否同意这六条关于未来的预测，让学生记下每组成员的意见和解释原因，每组选一名代表向全班介绍自己组的结果；完成 Section A 1b 关于上述预测对话的听力，让学生圈出所听到的句子；**通过 1b 的听力，讲解助动词 will 的用法，并引入一般将来时；引导学生思考一般将来时的功能和用法；老师讲解一般将来时的基本概念（表示将要发生的动作或存在的状态，还可以表示将来经常或反复发生的动作）和用法（助动词表将来、情态动词表意愿或请求）**。让学生完成 Section A 1c，并进行关于上述未来预测的对话 3. 老师总结并引导学生展开下一任务：“以上我们讨论的是 100 年后的世界。100 年以后离我们还比较遥远，接下来我们讨论更实际一些的‘20 年后的我’。”然后让学生畅想 20 年后的自己，给学生一个参照的表格，学生可以根据其中的内容预测未来自己的工作、生活是怎样的，让学生以小组或结对交流，或点几个学生汇报；**纠正学生对话中关于一般将来时的错误，让学生先自己发现一般将来时的基本句型，然后由老师讲解并总结一般将来时的肯定句、否定句、疑问句句型并通过句型转换进行练习**；老师最后对学生的讨论进行总结

续表

教学时间	教学过程（加粗字体为形式聚焦部分，普通字体为意义为主部分）
第 2 节课（45min）	1. 新单词学习。完成 Section A 2d 部分，让学生先观察现在和未来两幅图片，再自己进行讨论和对比，通过几个问题让学生理解 2d 的对话；学生听 2d 并角色扮演对话；**带学生读 Grammar Focus 表格中关于一般将来时的句子；让学生不看书，完成 PPT 上关于一般将来时的填空；让学生完成 Grammar Focus 3b 部分；让学生自己填写关于未来的句子的后半句** 2. 完成 Grammar Focus 3c，并展开下一任务："昨天我们讨论了 100 年后的世界和 20 年后的自己，在未来不仅是我们自己，整个城市都会发生变化。So what will a city be like in the future？"让学生结对或小组讨论，然后点学生汇报。**纠正学生交流中一般将来时的错误，并由上述讨论讲解 There be 的一般将来时用法，然后对比 be going to 和 will 的用法**。老师总结学生的讨论 3. 老师总结并引导学生展开下一任务："以上是我们的讨论，接下来我们将听一个对话，听听他们的观点。"然后完成 Section A 2a、2b 部分关于未来的听力，**讲解对话中出现的 few、less 的用法，让学生完成 Grammar Focus 3a 中关于 few、less 的句子填空**，最后完成 2c 部分的对话练习

5.3.2 形式聚焦教学时机的整体效果

关于一般将来时的 ECT 和 Timed GJT 见附录 4。Cronbach's alpha 系数显示，ECT 的前测信度为 0.885，即时后测信度为 0.916，延时后测信度为 0.933；Timed GJT 前测信度为 0.707，即时后测信度为 0.715，延时后测信度为 0.748。学习者在 ECT 和 Timed GJT 中的得分被分开计算，去掉前测、即时后测和延时后测三测分数不全的数据，最后 ECT 中前分离组 64 人、后分离组 60 人、融入组 63 人，Timed GJT 中前分离组 45 人、后分离组 25 人、融入组 36 人。

（1）ECT 结果

表 5.24 和图 5.4 呈现了 ECT 改错题中每组的描述统计结果，可以看到如下结果：①在满分为 24 分的改错题中，三组的前测分数都较低（小于 5 分），这说明一般将来时对学生是较新的语法点；②三个组在即时后测和延时后测中的得分都高于其前测得分；③后分离组前测的分数低于另外两组但其即时后测和延时后测的分数均高于前分离组和融入组；④所有组的延时后测分数均低于即时后测分数。

表 5.24　ECT 描述性统计结果（满分 24 分）

分组	时间	平均值	标准差	最小值	最大值
前分离组（n=64）	前测	4.44	4.771	0	18
	即时后测	15.13	6.467	0	24
	延时后测	14.25	7.457	0	24
后分离组（n=60）	前测	2.98	3.985	0	14
	即时后测	17.35	5.810	3	24
	延时后测	14.46	7.837	0	24
融入组（n=63）	前测	4.59	4.496	0	20
	即时后测	12.02	6.845	0	24
	延时后测	10.80	6.621	0	23

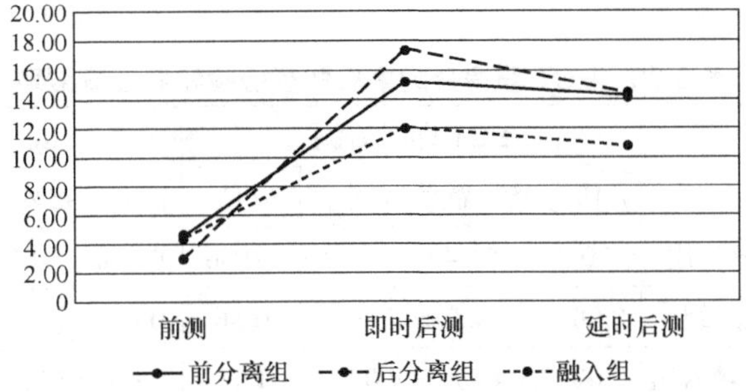

图 5.4　ECT 描述统计数据直观图

在数据分析过程中，首先计算 ECT 前测差异。单因素方差分析结果显示，三组前测没有显著差异 $F(2，184)=2.435$、$p=0.090$。然后，ECT 的即时后测和延时后测中每组的获得分被分别计算，描述性统计结果见表 5.25。关于 ECT 获得分的重复测量方差分析结果显示，时间有显著主效应，效应值中等，$F(1，184)=12.844$、$p=0.000$、$\eta_p^2=0.065$；分组也有显著主效应且效应值较大，$F(2，184)=20.249$、5=0.000、$\eta_p^2=0.180$；时间和分组没有交互效应，$F(2，184)=1.761$、$p=0.175$、$\eta_p^2=0.019$。为找出具体的差异，对三组的获得分进行单因素方差分析和事后多重检验，方差分析结果显示，即时后测中三组的获得分有显著差异，$F(2，184)=21.957$、$p=0.000$，延时后测的获得分也有显著差异，$F(2，184)=10.379$、$p=0.000$。

表 5.25　ECT 获得分的描述性统计结果

分组	ECT 即时后测		ECT 延时后测	
	平均值	标准差	平均值	标准差
前分离组（n=64）	10.69	5.594	9.81	6.354
后分离组（n=60）	14.37	5.572	11.48	7.264
融入组（n=63）	7.43	6.218	6.21	6.125

事后多重检验结果（见表 5.26）显示，ECT 即时后测中，后分离组的获得分显著大于前分离组和融入组，效应值分别为中等和较大，前分离组的获得分也显著大于融入组，效应值中等；ECT 延时后测中，前分离组和后分离组的获得分都显著大于融入组，效应值都是中等水平，但后分离组和前分离组无显著差异。

表 5.26　ECT 获得分的事后多重检验和效应值结果

对比组	ECT 即时后测		ECT 延时后测	
	p 值［95% 置信区间］	d 值	p 值［95% 置信区间］	d 值
前分离组对比后分离组	0.001*［–5.74 ～ –1.62］	–0.66	0.160［–4.01 ～ 0.66］	–0.25
前分离组对比融入组	0.002*［1.23 ～ 5.29］	0.56	0.002*［1.30 ～ 5.91］	0.58
后分离组置信区间融入组	0.000*［4.87 ～ 9.00］	1.18	0.000*［2.93 ～ 7.62］	0.79

注：$*p$ 表示 < 0.05。

（2）Timed GJT 结果

表 5.27 和图 5.5 呈现了限时语法判断测试中每组的描述统计结果，可以看到如下结果：①三组的前测分数较接近；②三个组在即时后测和延时后测中的得分都高于其前测得分；③后分离组的即时后测和延时后测成绩均高于前分离组和融入组；④所有组的延时后测分数均低于即时后测分数。

表 5.27　Timed GJT 描述统计结果（满分 24 分）

分组	时间	平均值	标准差	最小值	最大值
前分离组（n=45）	前测	8.22	4.322	0	20
	即时后测	14.40	3.351	7	24
	延时后测	12.62	3.211	5	21
后分离组（n=25）	前测	7.20	3.948	0	15
	即时后测	15.12	5.395	0	22
	延时后测	13.20	3.142	7	19

续表

分组	时间	平均值	标准差	最小值	最大值
融入组（n=36）	前测	9.42	4.650	0	18
	即时后测	13.56	3.626	0	20
	延时后测	12.53	2.420	10	19

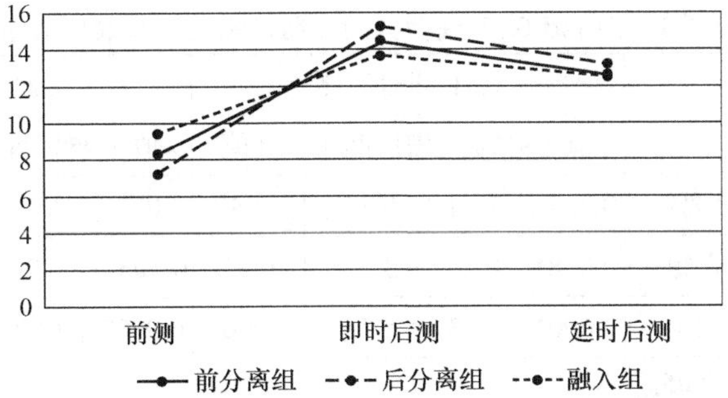

图 5.5　Timed GJT 描述统计结果直观图

在数据分析过程中，首先计算 Timed GJT 前测差异。单因素方差分析结果显示，三组前测无显著差异，$F(2，103)=1.968$、$p=0.145$。然后，Timed GJT 的即时后测和延时后测中每组的获得分被分别计算，描述性统计结果见表 5.28。关于 Timed GJT 获得分的重复测量方差分析结果显示，时间有显著主效应，效应值较大，$F(1，103)=53.624$、$p=0.000$、$\eta_p^2=0.342$；分组有显著主效应，效应值较大，$F(2，103)=6.815$、$p=0.002$、$\eta_p^2=0.117$；时间和分组没有交互效应，$F(2，103)=1.683$、$p=0.191$、$\eta_p^2=0.032$。单因素方差分析结果表明，即时后测中三组的获得分有显著差异，$F(2，103)=7.583$、$p=0.001$；延时后测的获得分也有显著差异，$F(2，103)=4.972$、$p=0.009$。

表 5.28　Timed GJT 获得分的描述性统计结果分组

分组	GJT 即时后测		GJT 延时后测	
	平均值	标准差	平均值	标准差
前分离组（n=45）	6.18	3.996	4.40	3.887
后分离组（n=25）	7.92	3.201	6.00	2.739
融入组（n=36）	4.14	3.878	3.11	3.520

事后多重检验结果（见表 5.29）表明，Timed GJT 即时后测中，前分离组和后分离组的获得分没有显著差异；前分离组的获得分显著高于融入组，效应值中等；后分离组也显著高于融入组的获得分，效应值较大。Timed GJT 延时后测中，前分离组的获得分和后分离组无显著差异；前分离组和融入组的获得分也没有显著差异；后分离组的获得分显著高于融入组且效应值较大。

表 5.29　Timed GJT 获得分的事后多重检验和效应值结果

对比组	GJT 即时后测		GJT 延时后测	
	p 值［95% 置信区间］	d 值	p 值［95% 置信区间］	d 值
前分离组对比后分离组	0.068［–3.61 ～ 0.13］	–0.47	0.072［–3.34 ～ 0.14］	–0.46
前分离组对比融入组	0.018*［0.36 ～ 3.72］	0.52	0.105［–0.27 ～ 2.85］	0.35
后分离组对比融入组	0.000*［1.83 ～ 5.73］	1.06	0.002*［1.07 ～ 4.71］	0.91

注：$*p$ 表示< 0.05。

5.3.3　学生水平的影响

（1）ECT 结果

表 5.30 展示了高低水平上每组学生在改错题后测中的获得分描述性统计结果。结果显示，在两次后测中，高水平组比低水平组的提升更高。低水平学习者在即时后测中后分离组的获得分最高，在延时后测中前分离组的获得分最高。高水平学习者在两个后测中都是后分离组的获得分最高。GLM 重复测量方差分析显示，测试时间、分组、语言水平都具有显著主效应，分别为 $F(1, 181)=13.506$、$p=0.000$、$\eta_p^2=0.069$，$F(2, 181)=20.817$、$p=0.000$、$\eta_p^2=0.187$，$F(1, 181)=19.195$、$p=0.000$、$\eta_p^2=0.096$；测试时间和语言水平没有交叉效应，语言水平和分组也没有交叉效应，测试时间和分组也没有交叉效应。

表 5.30　不同水平下三组 ECT 获得分的平均值和标准差

语言水平	分组	人数	即时后测的获得分		延时后测的获得分	
			平均值	标准差	平均值	标准差
低水平	前分离组	33	10.15	6.109	8.85	7.173
	后分离组	27	12.15	5.716	8.22	8.280
	融入组	31	4.65	5.595	5.68	6.204

续表

语言水平	分组	人数	即时后测的获得分		延时后测的获得分	
			平均值	标准差	平均值	标准差
高水平	前分离组	31	11.26	5.026	10.84	5.273
	后分离组	33	16.18	4.812	14.15	5.026
	融入组	32	10.13	5.638	6.72	6.103

单因素方差分析显示，低水平上的三个组在即时后测中存在显著差异，$F(2, 88)=13.242$、$p=0.000$，但在延时后测中的获得分没有显著差异，$F(2, 88)=1.694$、$p=0.190$；事后多重检验结果（见表 5.31）表明，低水平组在即时后测中，前分离组和后分离组的获得分都显著高于融入组且效应值较大，但前分离组和后分离组无显著差异。

表 5.31　低水平学习者在 ECT 中获得分的事后多重检验结果

对比组	即时后测	
	p 值［95% 置信区间］	*d* 值
前分离组对比后分离组	0.190［−5.00 ～ 1.01］	−0.34
前分离组对比融入组	0.000*［2.61 ～ 8.40］	0.95
后分离组对比融入组	0.000*［4.46 ～ 10.55］	1.35

注 *p 表示＜ 0.05。

高水平上的三个组在即时后测和延时后测中的获得分都有显著差异，分别为 $F(2, 93)=12.637$、$p=0.000$，$F(2, 93)=14.964$、$p=0.000$；事后多重检验结果（见表 5.32）表明，高水平组在即时后测中，后分离组的获得分显著大于前分离组和融入组且效应值较大，但前分离组和融入组无显著差异；在延时后测中，三组均有差异，获得分从高到低依次为后分离组、前分离组和融入组。

表 5.32　高水平学习者在 ECT 中获得分的事后多重检验结果

对比组	即时后测		延时后测	
	p 值［95% 置信区间］	*d* 值	*p* 值［95% 置信区间］	*d* 值
前分离组对比后分离组	0.000*［−7.49 ～ −2.36］	−1.02	0.018*［−6.04 ～ −0.59］	−0.65
前分离组对比融入组	0.387［−1.45 ～ 3.72］	0.21	0.004*［1.38 ～ 6.86］	0.73
后分离组对比融入组	0.000*［3.51 ～ 8.60］	1.17	0.000*［4.73 ～ 10.13］	1.35

注：*p 表示＜ 0.05。

（2）Timed GJT 结果

表 5.33 展示了高低水平上每组学生在 Timed GJT 后测中的获得分描述统

计结果。结果显示，在两次后测中，高水平组比低水平组提升更高，但后分离组中低水平学习者比高水平学习者提升更高；高低水平上进步最多和保持最好的都是后分离组。GLM 重复测量方差分析显示，测试时间有显著主效应，效应值较大，$F(1, 100)=55.093$、$p=0.000$、$\eta_p^2=0.355$，语言水平没有显著主效应，$F(1, 100)=1.122$、$p=0.292$、$\eta_p^2=0.011$，分组有显著主效应且效应值较大，$F(2, 100)=6.400$、$p=0.002$、$\eta_p^2=0.113$；测试时间和分组没有交叉效应，测试时间和语言水平没有交叉效应，语言水平和分组也没有交叉效应。

表 5.33　不同水平下三组 Timed GJT 获得分的平均值和标准差

语言水平	分组	人数	即时后测的获得分		延时后测的获得分	
			平均值	标准差	平均值	标准差
低水平	前分离组	24	5.21	3.845	3.83	4.007
	后分离组	10	8.20	1.989	5.90	2.132
	融入组	21	3.71	3.258	2.90	2.755
高水平	前分离组	21	7.29	3.964	5.05	3.735
	后分离组	15	7.73	3.863	6.07	3.150
	融入组	15	4.73	4.667	3.40	4.469

单因素方差分析结果表明，低水平上的三个组在即时后测中的获得分有显著差异，$F(2, 52)=6.030$、$p=0.004$；在延时后测中没有显著差异，$F(2, 52)=2.812$、$p=0.069$。事后多重检验结果（见表 5.34）表明，低水平上的学习者在即时后测中，后分离组的获得分显著大于前分离组和融入组且效应值较大，而前分离组和融入组无显著差异。高水平上的三个组在即时后测中的获得分没有显著差异，$F(2, 48)=2.353$、$p=0.106$，在延时后测中的获得分也没有显著差异，$F(2, 48)=1.877$、$p=0.164$。

表 5.34　低水平学习者在 Timed GJT 中获得分的事后多重检验结果

对比组	即时后测	
	p 值［95% 置信区间］	*d* 值
前分离组对比后分离组	0.022*［−5.53 ～ −0.45］	−0.90
前分离组对比融入组	0.143［−0.52 ～ 3.51］	0.43
后分离组对比融入组	0.001*［1.89 ～ 7.08］	1.59

注：$*p$ 表示< 0.05。

5.3.4　实验结果总结

关于前分离型、后分离型和融入型形式聚焦教学时机对不同水平学习者习得较容易语法点的效果，对一般将来时的研究结果总结如下。

（1）ECT 即时后测中，三组间均有显著差异，对学生掌握一般将来时的显性知识而言，效果从高到低依次为后分离组、前分离组和融入组。ECT 延时后测中，前分离组和后分离组的获得分都显著大于融入组，后分离组的获得分也高于前分离组，尽管这一差异并无显著差异。这说明，总体上后分离型形式聚焦教学对学生掌握一般将来时显性知识的效果更好。

（2）Timed GJT 即时后测中，前分离组和后分离组的获得分都显著高于融入组，而前分离组和后分离组的获得分无显著差异。Timed GJT 延时后测中，前分离组和后分离组无显著差异，前分离组和融入组也没有显著差异，但后分离组显著高于融入组。这说明，总体上分离型形式聚焦教学，尤其是后分离型形式聚焦教学对学生掌握一般将来时的隐性知识效果更好。

（3）学习者在 ECT 的获得分均高于在 Timed GJT 中的获得分，这说明形式聚焦教学对学生掌握一般将来时的显性知识作用更明显。

（4）ECT 中，对低水平学习者而言，前分离型和后分离型教学的即时效果都好于融入型，但前分离型和后分离型的效果无显著差异，三种教学的延时效果无显著差异；对高水平学习者而言，后分离型的即时和延时效果都更好。

（5）Timed GJT 中，对低水平学习者而言，后分离型的即时效果更好，三种教学的延时效果无显著差异；对高水平学习者而言，三种教学的即时和延时效果都没有显著差异。

5.3.5　讨论与总结

实验二和实验三旨在探讨前分离型、后分离型和融入型形式聚焦教学时机对不同水平学习者习得不同难易度语法点的效果，并对两个难易度不同的语法点开展了两个课堂准实验。实验二对较难的语法点形容词和副词比较级的研究结果表明，前分离型形式聚焦教学对学习者显性知识的效果更好，而对隐性知识而言，三种形式聚焦教学时机的效果相当。实验三对较容易的语法点一般将来时的研究结果表明，分离型尤其是后分离型形式聚焦教学对学生的显性知识和隐性知识效果均更明显。

根据前期对师生的调查，形容词和副词的比较级对学生而言是较难的语法点，而一般将来时对学生而言是较简单的语法点。可以看到，形容词和副词的比较级中，学生的前测分数都很低（满分 24 分的 ECT 中平均只有 2.85 分，满分 24 分的 Timed GJT 中平均 9.23 分），这说明比较级对学生而言是较难且较新的语法点。对较难语法点的显性测量结果表明，前分离型教学对学习者没有接触过的新语法点效果更好；而且，总体而言，分离型形式聚焦教学对学习者习得新语法点的效果较明显（比较级 ECT 中学生的即时后测分数平均提升了 10.11 分，延时后测分数平均提高了 7.99 分，Timed GJT 中学生的即时后测分数平均提升了 4.5 分，延时后测分数平均提高了 3.15 分）。这些结果说明，二语学习中，学习者的认知过程既受学习者外部因素（不同的教学方式和时机）的影响，也受学习者内部因素（学习者的水平和已有知识）的影响（Flower，Hayes，1980；Kellogg，1996）。

具体而言，对于形容词和副词的比较级，前分离型形式聚焦教学的即时和延时效果对学生的显性知识是最佳的。这一结果支持了技能习得理论，即显性知识可以为流利的二语知识加工提供基础，因此应该先发展陈述性知识，然后这些知识才能程序化。德凯泽（1998，2007）据此提出，课堂开始时，语法应该首先被显性、单独地教给学习者，让他们充分理解，随后通过一些练习辅助他们巩固这些语法知识，这样学习者在进行交际活动时更容易记得并用到这些语法知识。这一结果也与认知心理学领域丹克斯和甘斯（Danks，Gans，1975）及瑞伯等（Reber et al.，1980）的结果，以及二语习得领域金姆和比巴斯查特（Kim，Bebuschat，2010）及金姆（Kim，2012，2014）的研究结果相符，即先进行显性的形式聚焦，然后进行意义为主的教学，对学习者的语法学习尤其是复杂语法的学习更有效。丹克斯和甘斯（1975）提出，先讲解语法规则能让学习者意识到该语法结构的存在并能提供给学习者该结构的适当信息。瑞伯等（1980）也提出，在学习过程中，先显性地呈现语法，能为受试者在观察中进行隐性归纳语法规则操作建立认知边界，而延迟呈现语法知识可能会干扰学习者在观察期自己归纳的规则，学习者自己建立的系统和新提供给他们的系统之间的差异会干扰学习进程。金姆和比巴斯查特（2010）及金姆（2012，2014）的研究也发现，先进行显性的语法规则教学再进行隐性的学习效果更好。

前分离型形式聚焦教学对学生习得比较级的显性知识效果更好，这可能是因为几下两点。

第一，前分离型教学中学习目标更加清楚。前分离型教学中，老师在课堂一开始就明确告诉学生本节课主要学习比较级，随后老师对比较级进行讲解和练习，由此学生在整堂课中都很明确学习的目标是比较级，因此在后面的交际活动中也会有意或无意地注意到这一语法点。通常，一个学习目标一旦被理解，就会被无意识地当作一个参考点以指导随后的心理和身体行为并赋予其意义（Locke，Latham，2006）。在融入型教学中，老师在交际活动进行中引导学生注意比较级的使用和规则，比较级相对隐性地被当作学习目标。由于初中生年龄较小，认知发展尚不成熟，语言水平和词汇量也有限，因此可能无法很好地自己归纳总结（Murray，Christison，2011），如果不明确地告诉他们学习的目标，他们可能就无法很清晰地在学习过程中围绕学习目标进行学习。让学生在交际的同时注意语法规则可能会使学习目标模糊。对学习目标的研究表明，清晰的目标比模糊的目标能使学习者达到更高水平（Locke，Latham，2002，2006）。在后分离型教学中，比较级这一学习目标在学生进行完交际活动之后才明确告诉学生，这也意味着在第一节课进行交际活动时学生很可能意识不到比较级的存在。

第二，前分离型教学中，学生的认知负担更轻，他们在第一节课只需要专注于比较级，注意力更集中。而在融入组中，学生需要同时注意形式和意义。根据信息加工理论，人类大脑的加工能力有限，同时注意形式和意义对于学习者尤其是对于早期阶段的学习者是很困难的（VanPatten，1990）。初中生由于认知发展不成熟，很难同时将注意力放在形式和意义上，因此他们在学习中会不可避免地先处理意义然后才会注意到形式。菲莱和亚当斯（2010）也认为，在交际活动进行中，学习语言形式可能将意义、形式和实际使用结合起来从而提升学习效果，但也可能会削弱学生对目标形式的注意力从而限制学习效果。

较难语法点实验的结果与实验一关于被动语态的研究结果一致，与辛塔丽（Shintani）（2017）的研究的发现也是一致的。辛塔丽发现，在意义活动开展之前，先显性地解释语法规则会提升学习者特别是新语法点的学习者和水平有限的学习者的显性知识的发展（比较级的实验中所有组的 ECT 和 Timed GJT 前测分数都较低，说明比较级对学生是较新的知识点，比较级的实验结果表明前分离型教学对学生显性知识效果最好），因为这会提高他们对该语法点的初步理解。

对于较简单的语法点——一般将来时，后分离型对学习者的显性知识的效果更好。在学习者完成意义为主的活动之后再显性地讲解相应的语法知识可能会引导学习者进入花园路径（garden path），也就是会诱导学习者先在产出的过程中犯错，然后加以纠正（Tomasello，Herron，1988），也可能使学习者更好地内化该语法规则（Shintani，2017）。此外，后分离型形式聚焦还可能会触发学习者注意漏洞（noticing the hole）的过程，即注意到知识上的差距（Doughty，Williams，1998），从而能促使学习者在后面的输入中寻找有用信息以弥补自己知识上的不足（Shintani，2017）。至此可以看到，在所有显性知识测量中分离型的效果都更好，这支持了已有研究结果（Shintani，2017；Shintani，Ellis，2013），说明分离型形式聚焦教学能提升学习者的显性知识。这些结果也印证了第 4 章中教师们的一些看法，即前分离型形式聚焦教学适合较难的或完全没有学过的语法点，因为这些语法点太难，所以需要老师先明确地告诉学生语法规则，然后学生才能较好地进行相应的意义为主的活动，而且，由于语法点较难，学生无法很好地自己从意义活动中推导出规则，因此先由老师显性讲解效果更好；而后分离型教学适合相对简单的或已经接触过的语法点，因为这些语法点相对简单或学生已有接触，不会阻碍学生进行意义为主的活动，因此可以先让学生通过意义活动进行感知，然后再讲解其中的语法，而且由于语法点较简单或已经学习接触过，学生可以自己从意义活动中推导出相应的规则。

对隐性知识而言，三种形式聚焦教学时机对学生习得比较级的效果相当，没有显著差异；而对一般将来时而言，分离型的效果更好。三种教学时机对学生习得比较级的效果没有显著差异，这一结果与菲莱和亚当斯（2010）及斯巴达等（2014）的研究一致，即分离型和融入型形式聚焦教学的效果没有显著差异。这一结果证明了斯巴达和莱特鲍恩（2008）的观点，即分离型和融入型形式聚焦教学并不是对立的，而是互为补充的，两者都结合形式和意义，因此都对二语学习有积极作用。当然，隐性知识的习得是一个费力而且缓慢的过程（Ellis，1993），两天的实验教学可能还不足以使学生的隐性知识有显著提升，学习者在 Timed GJT 中的获得分比在 ECT 中的获得分要低很多也充分说明了这一点。二语学习者对语法点的掌握是非线性的，在早期阶段，通过获得对较难语法点的显性知识而提升语法水平是很容易的，但是随着时间的推移，这一提升会变慢，因为持续的提升需要重复地进行产出性练习，这样才能实现知识的自动化（DeKeyser，1998）。

斯巴达和莱特鲍恩（2008）根据迁移适当加工（TAP）理论做出假设，认为接受分离型教学的学生在单独要求学习者注意语言形式的测试中表现可能会更好，因为在分离型形式聚焦教学中获得的知识在将意义分开、单独聚焦学习者对语言形式的注意的测试中（改错题）能更容易被检索到；而接受融入型教学的学生在要求学习者同时注意形式和意义的测试中可能会表现更好，因为在融入型形式聚焦教学中获得的知识在同时聚焦学习者对语言形式和意义的注意的测试中（限时语法判断）能更容易被检索到（Spada，Lightbown，2008；Spada et al.，2014）。斯巴达等（2014）的实验也支持了这一假设，即分离型形式聚焦教学对学习者的显性知识作用更大，而融入型形式聚焦教学对学习者的隐性知识作用更大。但本书研究中，融入型的效果并没有显著好于分离型，尤其是在将来时实验中，分离型教学更能促进学习者的隐性知识发展。这些结果说明，对学生基本没有接触过的语法点而言，还是需要分离型教学来更明显和集中地让学生注意语言形式。这一结果与埃尔衮－衮杜兹等（2012）的发现相反，他们发现，接受融入型教学的学生在词汇、语法和写作的测试中的表现都好于接受分离型教学的学生。需要指出的是：第一，本书研究中对语法点的实验教学时间有限，而埃尔衮－衮杜兹等（2012）对两所分别实施分离型和融入型教学的学校直接观察一学期，更短的实验教学时间可能会偏向于分离的和显性的教学，而融入型教学的效果往往是缓慢积累的过程（Li et al.，2016），也就是说，分离型形式聚焦教学在短期内可能更有效，而通过融入型形式聚焦教学可能需要更多时间。第二，本书研究中的学习者均为公立学校初中二年级的 EFL 学生，他们年龄相当且一语背景相同，而埃尔衮－衮杜兹等（2012）研究中的学习者是两所私立小学的 EFL 学习者，菲莱和亚当斯（2010）及斯巴达等（2014）研究中的学习者则是成人 ESL 学习者，而且他们的一语背景各不相同且年龄差异较大。

菲莱和亚当斯（2010）的研究中，学习者年龄从 19 到 42 岁，斯巴达等（2014）的研究中学习者年龄从 18 到 65 岁。一方面，由于认知和学习能力不同，相较于小学生而言，初中生更依赖于课堂教学且能更好地从课堂教学中受益（DeKeyser，2000），尤其是对于这些与二语接触几乎仅限于课堂的 EFL 学习者。而且，年龄更大的学习者通常能更好地接受分离型的语法教学（Spada，Lightbown，2008）。另一方面，和成人学习者相比，这些认知发展尚不成熟的初中生可能无法从融入型教学中吸收对语言形式的反馈，而成人学习者被证明对融入型教学中语言形式的反馈更加敏感（Ellis et al.，2001b）。

在所有实验中，学生的显性知识和隐性知识都有所提升，这说明三种形式聚焦教学时机都能促进学习者对难易度不同的语法点的习得。这一结果支持了前人的观点和研究发现，即在基于交际或内容的、以意义为主的二语课堂情境下，聚焦语言形式有利于促进学生的二语习得（Ellis，2016；Polio，Zyzik，2009；Spada，2011）。这一结果与菲莱和亚当斯（2010）及斯巴达等（2014）的研究结果也一致，他们分别证实了不同的形式聚焦教学时机能促进二语学习者的词汇习得和语法习得。这说明，在以意义为主的教学中，引导学生注意语言形式、将形式和意义相结合的教学对二语学习者是最有效的（Spada，Lightbown，2008；Spada et al.，2014）。学生在 ECT 中的获得分普遍高于在 Timed GJT 中的获得分，这再次证明隐性知识的习得是一个缓慢和积累的过程

（DeKeyser，2003），初期的学习能较容易地促进学生显性知识的发展，但要实现知识内化从而持续提升，需要后续不断地练习、产出（DeKeyser，1998）。本书研究对每一个语法点分两天进行了两节课的课堂实验教学，且将形式聚焦的时间和意义为主的活动的时间控制为等时长，学习者的显性和隐性知识都有所提升。可以预见，通过后续不断地练习、产出，学习者对相应语法点尤其是隐性知识的掌握还会进一步得到提升。

不同的形式聚焦教学时机（前分离型、后分离型和融入型）还能促进不同水平学习者的显性知识和隐性知识发展，对难易度不同的语法点的实验结果表明，在所有实验中，高水平组的即时进步和延时保持结果都好于低水平组。根据范帕滕（1990，1996）提出的输入加工模型，在相互交流过程中，学习者会首先加工意义，只有在完成意义加工后且还有剩余认知加工资源时才能够加工语言形式。因此，在学习语法知识时，高水平学习者因为能更轻松地加工意义，因而有更多的注意力分配到语法形式上。而低水平学习者由于受语言水平的限制，要比高水平学习者花费更多加工资源才能理解意义，这导致留给加工语言形式的资源十分有限，尤其在融入型教学中更是难于兼顾意义和形式。此外，关于发展阶段的研究（Lightbown，1998；Williams，Evans，1998）表明，在加工并运用某些语法形式之前，学习者必须先掌握与之相比更简单的结构。利瑟尔（2004）因此提出，水平较高的学习者在发展阶段上更超前，从而能在交际任务中注意到并产出某些形式；而低水平学习者在意义理解上尚存在困难，可能很难注意到形式，即使注意也首先注意到含有更多实义的语言形式（如词汇）。高水平学习者通常更好地掌握了与所学语法点相关的、已学过的基础知识和词汇，而低水平学习者对语言形式的注意和加工可能被分散在更基础的知识和词汇上，从而影响了他们掌握的效果。

具体而言，在较难语法点比较级的实验中，学生水平的影响和总体结果一致。ECT 中，前分离型形式聚焦教学对低水平和高水平学习者的效果都更好；Timed GJT 中，三种形式聚焦教学时机对低水平和高水平学习者的效果相当。这再次说明，对较难且较新的语法点而言，前分离型教学对不同水平学习者的显性知识效果都更好，而三种形式聚焦教学时机对不同水平学习者的隐性知识的掌握效果相当。在较容易的语法点一般将来时的ECT中，对低水平学习者而言，前分离型和后分离型教学的即时效果都好于融入型，但前分离型和后分离型的效果无显著差异；三种教学效果的延时效果无显著差异。对高水平学习者而言，后分离型的即时和延时效果都更好。Timed GJT中，对低水平学习者而言，后分离型的即时效果更好，三种教学的延时效果无显著差异。对高水平学习者而言，三种教学的即时和延时效果都没有显著差异。

可以看到，不同形式聚焦教学时机对不同水平学习者学习不同语法点的显性知识的效果与总体效果相同，即总体上分离型形式聚焦教学对高水平和低水平学习者习得难易度不同的语法点的显性知识的效果都更明显，这再次说明对初中生而言，不论学生水平高低都需要显性且明确地告诉学生所学的是什么语法规则以及规则是什么和怎么运用。对隐性知识而言，三种形式聚焦教学时机对高水平学习者习得难易度不同的语法点的效果都没有显著差异。对低水平学习者来说，三种形式聚焦教学时机对他们习得较难语法点比较级的隐性知识效果没有显著差异，而对他们习得较容易的语法点将来时而言，后分离型即时效果更好，但三种教学时机的长期效果没有显著差异。高水平学习者学习时有更多的认知资源且往往动机更强，对语法形式会更加敏感，在分离型或融入型教学中都能更好地注意到其中重要的语言形式并通过意义活动能将这些知识内化，从而促进隐性知识的发展，因而不同的形式聚焦教学时机对高水平学习者的隐性知识而言效果相同。低水平学习者在学习较难语法点时，三种形式聚焦教学时机对他们隐性知识的效果没有显著差异，但分离型尤其是后分离型更有利于他们即时习得容易的语法点，这可能是因为后分离型教学中，教师会先引导学生开展意义活动以使低水平学习者更感兴趣，也可能是因为语法点比较容易，因而低水平学习者能够在交际活动之后注意到语法点。融入型教学中学习是间隔的（spaced），即对语言形式的注意是断断续续的且发生在意义为主的活动中，学生的注意力在形式和意义之间切换。根据间隔理论（spacing theory），学习者在有间隔而非集中的重复演示中会达到最大程度的学习（Butler et al.，2007）。间隔还是集中，这一区别对低水平学习者而言尤其重要，因为低水平学习者的注意力和认知资源有限，这一区别对高水平学习者而言却可能并不重要，因为高水平学习者认知能力更高且注意力资源更多（李少锋等，2016）。

第六章　师生对形式聚焦教学时机的偏好

本章旨在探讨师生对形式聚焦教学时机的偏好。为给实际教学提供更多教学启示，本章将不同的学习层次和环境作为变量之一，探讨初中、高中和大学的英语教师和学生对融入型和分离型形式聚焦教学时机的偏好有无区别。

6.1　量化研究结果

6.1.1　教师和学生对融入型和分离型偏好的总体情况

教师和学生关于融入型和分离型形式聚焦教学的回答分开计算的结果如表 6.1 和图 6.1 所示。可以看到，相对于分离型教学，教师和学生都更偏好融入型教学。独立样本 t 检验结果表明，教师对分离型和融入型的偏好有显著差异且效应值较大，t=113.333、p=0.000、d=1.51，学生对分离型和融入型的偏好也有显著差异，效应值接近较高水平，t=106.638、p=0.000、d=0.77。

表 6.1　教师和学生对形式聚焦教学时机偏好的描述性统计数据

调查对象	形式聚焦教学时机	平均分	标准差
教师（n=1235）	融入型	4.02	0.767
	分离型	2.59	1.093
学生（n=3448）	融入型	3.75	0.887
	分离型	3.00	1.049

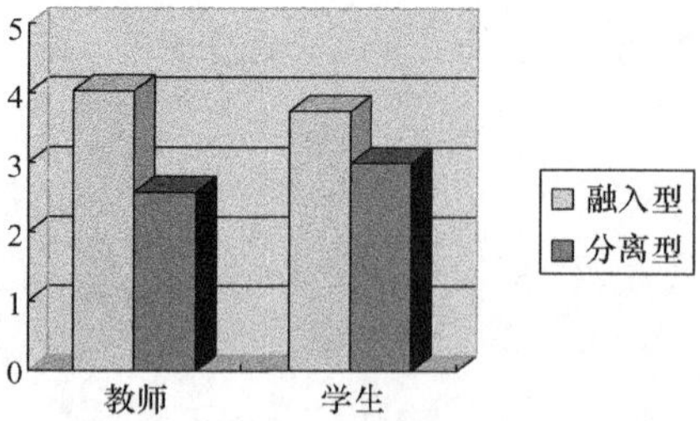

图 6.1　教师和学生对形式聚焦教学时机的总体偏好

6.1.2　不同教育层次的教师偏好的差异

为探讨处于不同教育层次的初中、高中和大学教师对形式聚焦教学时机的偏好是否有差异，每个层次的教师对融入型和分离型选择的平均值被分别计算，描述性统计结果见表 6.2。单因素方差分析结果表明，不同教育层次的教师对融入型形式聚焦教学的偏好有差异，$F(2，11112)=12.524$、$p=0.000$；事后多重检验结果显示，初中教师和高中教师之间有显著差异，$p=0.031$、$d=0.04$，初中教师和大学教师之间也有显著差异，$p=0.000$、$d=0.13$，高中教师和大学教师之间也有显著差异，$p=0.001$、$d=0.09$。也就是说，不同教育层次的教师对融入型教学的偏好存在差异，其中偏好程度最高的是初中教师，其次是高中教师，最后是大学教师。

表 6.2　不同教育层次教师偏好的描述统计结果

形式聚焦教学时机	教育层次	平均分	标准差
融入型	初中	4.06	0.752
	高中	4.03	0.773
	大学	3.96	0.771
分离型	初中	2.57	1.086
	高中	2.55	1.088
	大学	2.69	1.108

对分离型形式聚焦教学，不同层次的教师的偏好也存在显著差异，$F(2，11112)=13.161$、$p=0.000$；事后多重检验结果显示，初中教师和高中教师之间没有显著差异，$p=0.418$、$d=0.02$，但初中教师和大学教师之间有显著差异，$p=0.000$、$d=-0.11$，高中教师和大学教师之间也有显著差异，$p=0.000$、$d=-0.13$。也就是说，相较于初中和高中教师，大学教师更偏好分离型教学。

6.1.3　不同教育层次的学生偏好的差异

表 6.3 展示了处于不同教育层次的学生对融入型和分离型形式聚焦教学偏好的描述性统计数据。单因素方差分析结果表明，不同教育层次的学生对融入型教学的偏好有显著差异，$F(2，44821)=122.061$、$p=0.000$；事后多重检验结果显示，初中学生和高中学生之间存在显著差异，$p=0.000$、$d=0.12$，初中生

和大学生之间也有显著差异，p=0.000、d=0.24，高中生和大学生之间也有显著差异，p=0.000、d=0.12。也就是说，不同教育层次的学生对融入型教学的偏好存在差异，其中初中生的偏好程度最高，其次是高中生，最后是大学生，这一结果与教师结果一致。

表 6.3　不同教育层次学生偏好的描述统计结果

形式聚焦教学时机	教育层次	平均分	标准差
融入型	初中	3.94	0.911
	高中	3.83	0.888
	大学	3.73	0.860
分离型	初中	2.99	1.15
	高中	2.94	1.084
	大学	3.01	1.026

对分离型形式聚焦教学，单因素方差分析显示，不同教育层次的学生之间也存在显著差异，F(2，37925)=17、p=0.000；事后多重检验结果表明，初中生和高中生之间没有显著差异，p=0.140，d=0.05，初中生和大学生之间也没有显著差异，p=0.451，d=–0.02，但高中生和大学生之间有显著差异，p=0.000，d=–0.07。也就是说，相较于高中生而言，大学生更加偏好分离型教学。

6.2　质性研究结果

质性结果主要来自于问卷第三部分关于师生对语法教学的观点和偏好做法的开放题。1235 名参与教师中共 974 名教师作答了开放题，其中包含 325 位初中教师、458 名高中教师和 191 名大学教师。3448 名参与学生中共 442 名学生作答了开放题，其中有 46 名初中生、88 名高中生和 308 名大学生。教师和学生的回答被分开整理，结果如下。

6.2.1　教师的偏好

（1）初中教师

325 位初中教师的回答反映了大部分初中教师意识到语言形式和意义应该

相结合，其中85位教师的回答明确指出语法应和语境相结合，例如："语法是为语言服务的，是语言表达的载体。语言是交流的工具，所以语法应该在语境中教。""把语法教学与语境相结合才能帮助学生更好地理解语法结构。""语法应该与语境结合，让学生开展活动，这样有利于学生更好地掌握和运用语法知识。"至于语法教学的时机，94名教师的回答表明他们更偏好在意义为主的活动中讲解语法的融入型教学，例如，有的老师指出："语法教学应在交际活动中呈现。""应该在有意义的活动中进行新语法项目的教学，这样学生能更好地理解并运用新的语法知识进行语言表达。""很不赞同单独进行语法教学，尤其在英语学习的初级阶段，很赞同在有意义的活动中渗透语法知识。"这一结果再次印证了量化结果中初中教师更偏好融入型教学的结论。另外17名教师的回答则表明，他们更倾向于将语法和意义活动分开进行的分离型教学，他们提出，语法和交际活动应该分开并依次进行，可以先进行语法教学再进行相应的交际活动，也可以先进行交际活动然后再进行相应的语法教学。例如，有的老师指出："应该先进行语法教学，让学生自己观察和总结语法规则，然后再在交际活动中运用。""应该先进行阅读或交际活动，然后再总结其中的语法规则。"

此外，还有很多教师提到，在实际的日常教学中，他们会根据具体情况采用不同的语法教学方法，对于语法教学时机并不是绝对的分离或融入，有时会混合或结合使用融入型和分离型教学，也就是说，教师既会在交际活动中进行语法教学也会将交际活动和语法教学分开依次处理，例如，有的老师指出："我会在意义活动进行中讲解语法，待学生熟悉语法后，再通过语法专项训练让学生进行更精确的练习和掌握运用，遵循意义为先、语法跟进、深度掌握、熟练运用的过程。""我会先引导学生在语境中感知、思考并归纳总结语法规则，然后再通过专门的语法课让学生进行操练和巩固，在不断的运用中加以强化。"另外，有少数教师的回答表明，他们虽然也意识到应该将语法和语境相结合，但由于现实原因，他们依然使用传统的语法教学方式进行孤立的、大量的语法教学和练习，例如，有的老师指出："孤立地教语法很枯燥，但省时省力，将语法和有意义的活动结合在一起需要老师在备课中付出很大的精力。”“语法教学应该和交际活动相结合，但实际课堂中没有足够的时间让学生进行交际活动，所以传统的语法教学和结构训练依然是最快的方式。”

值得注意的是，初中教师的回答中有老师（15 位）明确指出语法教学很重要，语法教学很必要。这种必要性分两种观点。一种认为，语法是语法学习者必需的，例如，有的老师表示：“对于把英语当外语来学习的中学生，语法学习是必要的。”另一种认为，语法是应试必需的，例如，有的老师表示：“应试教育的今天，学好语法是提高学生成绩的必要前提。”但是，也有教师（9 位）指出，语法教学不是很重要，因此平时教学中并不太注重语法教学。比如，有老师表示：“我觉得英语教学不需要语法教学，学生通过阅读和其他练习可以自己感知。”他们普遍提出应该淡化语法，并希望考核中也能淡化语法。此外，还有教师（8 位）表达了自己对语法教学的困惑，这些困惑主要关于语法到底应不应该教以及如何教才更有效、更有趣。其余老师的回答提供了各种他们采用的具体语法教学方法，其中语法练习被认为是很重要的，老师们还会根据具体情况具体安排，如根据语法点和学生情况使用不同的教学方式。

（2）高中教师

458 名高中教师中，141 位教师指出语法应该和语境相结合，例如，有的老师指出：“语法教学与语境结合是很好的教学方式。”“语法教学应该和具体的语境结合起来，不可以纯粹为教语法而教语法。”对于语法教学的时机，87 位教师的回答明显倾向于融入型教学，即在意义活动中进行语法教学，例如，有的老师指出：“语法教学应该在意义为主的活动中进行，这样学生才能更好理解，能与生活联系起来更好。”“在以意义为主的活动中，教语法应该成为语法教学的主流模式。”“今天的语法教学要求方法和技巧的多样化，并注重语法能力。教师的作用就是设计以意义为主的活动，让学生在趋于真实的交际活动中掌握语法结构，而不是用大量现成的句子或习题来代替学生的思考。”另外 24 名教师的回答则显然倾向于分离型教学，即将语法和意义为主的活动分开进行，例如，有的老师指出：“根据中国学生的实际情况和年龄，本人觉得应该先进行语法教学，然后再开展交际活动让学生运用。”“本人喜欢先从结构和意义上教语法，等学生熟练后再结合语境开展交际活动去应用。”“应该先开展交际活动，然后紧跟语法教学，及时发现和补充语法用法，让学生准确表达，这样有利于语言学习。”“要遵守语言规律，先交际后语法。”可以看到，倾向于使用分离型教学的教师中，一部分偏好前分离型的教学时机，而另一部分偏好后分离型的教学时机。

此外，也有很多教师指出，他们会在实际教学中混合使用融入型和分离型教学或将两者结合在一起使用，例如，有的老师指出：“我的做法是先在交际活动中进行一定的语法教学，然后单独总结语法规则，最后再通过交际活动让学生运用。”“我习惯先通过交际活动形象地呈现语法结构，再使学生在意义活动中利用该结构进行交际，最后进行语法配套练习进行巩固。”另外，也有极少数教师表示，他们依然会采用传统的、纯粹的语法教学方法，因为“把语法教学和交际活动结合会得到理想的教学效果，但是在实际教学中实施很困难”；“通过意义为主的教学和交际活动来教语法可能有作用，但效率不高且费时费力”；“通过交际学语法，学生接受得更快，记忆也深刻，但由于没有这方面的课件，老师需要花大量的时间去想、去设计，所以，为了在课堂教学中省时间，老师仍然会使用传统的老教法——单纯讲语法结构”。针对这一点，还有 18 位老师进一步提出了他们的困惑。他们反映，语法教学是一大难题，费力又不讨好。一方面，他们理想地希望能结合意义活动进行语法教学；另一方面，他们很难真的这么做。很难在实际教学中实施的原因主要有两个：一个是应试的压力使老师不得不违背自己的理想教学方式，例如，有老师指出：“对于语法教学我确实存在一定的困惑，主要原因是，一方面我希望学生能在语境中学语法，另一方面我又要考虑考试的实际情况。”“我平时为了应试，常用传统的语法讲解和进行大量练习的方式，但我更喜欢在有语境、有意义的活动中教语法，所以会有矛盾。”另一个原因是，老师们不知道该如何操作，例如，有的老师指出：“我觉得语法教学应该要结合语境，可是在平时教学中不知如何操作。”“如果我们能够有更多关于语法和活动相结合的、可操作性较强的资料，则将会更好地帮助学生学习和掌握语法规则和实际用法。”“通过语境教语法最好，但是缺乏相关的材料。”“由于课时所限，不能很充分地将语法教学和意义活动结合起来进行。希望教参中能多给相关的指导和案例。”

另外，有 14 名老师明确指出应该淡化语法，因为“语法只是用来应试的，实际交际中并不重要”，并且“新高考重阅读轻语法，弱化了以前重点强调的语法教学”。但另外 33 名老师的回答却表示语法很重要，语法是英语学习的基础，其中有老师提到：“现在很多老师说淡化语法，可是学生遇到复杂句型没有办法分析意思，说明语法在语言学习中依然有着举足轻重的作用。”“虽然当下的高考对语法的考查力度不如以往，但作为高中教师，我们绝不能忽视语法在英语学习中的功用。”“语法是为了使人说话更准确与规范，是语言的规律。没有语法的语言充其量只能叫言语，不能称为语言。英美普通人会说英语，但他们的英语与语言学家的语言有很大距离。所以，我建议应本着交际的原则，好好教语法。”还值得注意的是，有两位高中老师指出：“初中的语法教学有欠缺，高中的语法知识不能做到很好地与初中衔接，所以知识有点断层了。”“初中应加强语法教学，但现在很多学习较好的学生却不懂语法。”其余老师的回答也提供了各种具体的教学方法，大部分老师指出，教无定法，应该根据具体情况尤其是学生因素进行语法教学。

（3）大学教师

191 名大学教师中，有 44 位教师明确指出，形式和意义应该相结合，语法教学不能脱离语境。对教学时机，32 名老师的回答表明，他们更倾向于融入型教学方式，例如，有的老师指出：“我更喜欢在相应语境和交际活动中完成语法教学。”“交际是语言的基本功能，在交际活动中通过交际需求进行语法教学，才能让学生更生动、更高效地掌握语法知识。这样，学生既学到了语法知识，又完成了交际任务，最终能提高学习者的语言交际能力。”“我觉得不应该单独开设语法课，也不应该把语法单独拿出来讲，而应该在交际活动中让学生自己找出语法规律。”另外 11 名教师则更倾向于分离型教学，例如，有的老师指出：“形式应该与意义相结合，我喜欢先讲解语法结构再在语境环境下进行强化。”“我觉得语法教学应该是分阶段的，先进行纯语法理论的学习，然后再和交际活动结合。”

大部分老师也表示，在实际教学中他们会结合分离型和融入型，例如，有的老师指出：“我喜欢为学生提供一个语境，让学生先进行交际，然后再提炼语法规则，最后再根据规则进行交际活动以巩固所学知识。”“语法教学应融入以意义为主的教学活动中，活动结束之后再鼓励学生进行总结，得出共性的语法结构，促进学生的有效学习。另外，纠错应在活动结束之后进行，否则会干扰活动进行，无法确保意义活动的有序推进。”另外，有 19 位大学老师明确认为语法教学很重要，其中 5 位老师认为当前语法教学被忽略了，学生的语法能力很差，他们说：“语法的重要性在大学教学中被忽略了。”“目前对于语法教学重视不足，学生使用语言时语法错误较多且较频繁。”“目前很多中学打着交际教学法的名号而忽视语法教学和训练，这一做法严重影响了大学英语的教学。”“现在学生的交际能力不差，但语法普遍不好。”还有 11 位老师也表达了他们对语法教学的困惑，例如，有的老师指出：“我感觉，现在要教好语法，对老师的挑战还是挺大的。教师不仅需要对语法点有准确的把握，还需要考虑是否应该在语境中教语法，这些都需要教师保持对学生掌握程度的准确把握，及时调整教学。能在语境中让学生掌握语法固然很美好，但在现实情况中，大班教学模式、学生水平、教师在教学中对结合语境教语法的把控等因素都会影响实际教学效果。“结合交际活动教授语法需要有合适的教材，保持语法的连贯性，但目前国内没有这种教材。”其余老师的回答也提供了各种具体的语法教学方法。

6.2.2　学生的偏好

（1）初中学生

46 名初中生中，15 位学生的回答表明他们更倾向于融入型教学，例如：“在交际活动中学语法比较有效。”“英语语法的学习有很多方法，我认为主要应该在交际活动中去学习和总结，然后还要在交际中使用。”另外 4 位学生的回答则倾向于分离型教学，例如：“我认为先进行交际活动再进行语法教学比较好。”“我喜欢先学习语法知识再使用这些知识进行交际。”还有学生的回答表明他们倾向于结合融入型和分离型，例如：“我喜欢在交际活动中学习语法知识，然后再系统梳理语法知识点。”另外 3 个学生指出，语法学习很重要，因为“语法是使语言更准确地传承的纽带”。其余的学生则表达了各种自己希望或自己认为有效的语法学习方法，其中很多学生都表示，希望能更轻松、更有趣地学习语法，也有学生希望老师多讲语法知识。

（2）高中学生

88 名高中学生中，12 名学生的回答表明他们更倾向于融入型教学，例如："我喜欢在交际活动中学习英语语法。""应该让语法真正地服务于交际而非书本上的条条框框。英语是一门语言学科，它是活的、有感情的，很多语法不能死记，应该在交际活动中学习并运用，实践出真知。"另外 3 名学生的回答则更倾向于分离型教学，例如："语法学习可以在交际活动之前教，再投入实践，这样效率会更高，便于学生理解。"还有 3 名学生提出语法很难，8 名学生提出语法很重要，另外 3 名学生则认为应该淡化语法。其余学生也提出了各种自己理解或希望的语法学习方法。例如，有学生写道："语法要一点一点教，每次老师教了很多，但其实自己没有完全理解。""就像学习母语一样，我觉得只有说的多、用的多才能更熟练地掌握具体语法的内容，而不是通过刷题来达到这一目的。"大部分学生表示，他们希望能更有趣地学语法，希望课堂中有更多交际活动。还有学生指出："有的老师告诉我语法要放到情境中，让学生自己去琢磨、自己去体会它的用法和不同。但是，如果不具体地指出来，学生真的都能懂并正确运用吗？""要通过反复练习学习语法，在阅读中学习语法的记忆时间并不长。"

（3）大学学生

在 308 名大学生的回答中，有 34 名学生明显更倾向于融入型教学，他们更偏好在各种意义活动中学习语法，比如在阅读中学习语法或者通过写作练习语法，而更多的学生倾向于在交际活动中学习语法。例如，有的学生表示："我最喜欢语法与交际活动同步进行，也比较喜欢分开进行，不喜欢完全孤立地学语法。就本人的实际情况来看，我感觉这样的效果是非常好的。""我希望不要单独地讲语法，这样会枯燥无味，在交际活动中学语法有利于我们更好地掌握它。"还有 17 名学生则更倾向于分离型教学，这里既有偏好前分离型的，也有偏好后分离型的。例如，有的学生表示："我觉得先系统地学语法再进行交际学习更适合自己。"而有的学生表示："语法应该和活动密切结合，先进行活动然后再总结语法更好。”此外，还有学生提出，分离型和融入型可以结合而且分离型和融入型的选择取决于具体的一些因素。例如，有的学生指出：“可以尝试着将先教后用和边用边教相结合。”“根据具体的语法内容来安排学习或教学情况更好，有的语法点适合在情景中学，也比较容易学，有的则需要提前专门教授，学会了才能用。”

大学生中，有 10 名学生表示语法很难，自己的语法基础薄弱，并且害怕语法，另有 34 名学生认为语法很重要。例如，有学生指出：“语法是学习英语的基础，学好语法对我们的学习十分重要。所以教师应该注重语法的教学。”“语法很枯燥，但是，如果不学习语法，对于我们这些母语非英语的人来说，英语水平的提升空间会很有限，最多只能进行简单的日常交流，达不到书写文章、表达情绪的水平。”“有些考试存在淡化语法的趋势，这是不正确的。甚至有些大学生都不清楚语法包含词法和句法两个大类这一基本概念。根据听说读写这四大类来提高语法学习能力很必要。”“大学里语法学习的要求可谓已降到极低了，这对于高中和初中时纯靠语法学习的我来说不太适应，我甚至觉得不学习语法就不是在学习英语。”另外 6 名学生则指出，语法学习不是非常重要，进入大学之后几乎就不怎么接触语法了。其余学生也提出了各种自己觉得有效或希望老师采用的语法教学方法，其中大部分学生提出，希望能寓教于乐，提高语法教学的趣味性。此外，还有学生希望能系统学习语法。也有学生提出，各种方法都很好，关键得适合自己。

6.3　本章讨论与小结

本章探讨了师生对形式聚焦教学时机的偏好，并将不同教育层次作为变量进行了探讨。整体上，定量和定性数据的结果都表明，大部分老师在教学中采用了将形式和意义结合的形式聚焦教学。相较于分离型，教师和学生普遍更偏好融入型，这一结果与先前研究中教师和学生对融入型和分离型教学时机偏好的结果一致（Ahmadi et al.，2016；Ansarin et al.，2014；Elgün-Gündüz et al.，2012；Songhori，2012；Valeo，Spada，2016），这也与先前关于教师对语法教学整体偏好的研究中教师更喜好在文本和交际活动中处理语法而不喜欢孤立教语法的结果一致（Barnard，Scampton，2008；Borg，Burns，2008）。根据教师和学生在开放题中的回答及10位不同教育层次的师生在访谈中的解释，师生更偏好融入型教学的原因是他们认为在以意义为主的活动中教语法既不会让语法教学枯燥又能让学生边学边用、边用边学从而真正掌握并能运用所学的语法知识。教师对融入型产生偏好可能是因为受了当前政策的影响。当前教育政策强调应注重学生的交际能力并提倡在语境中进行语言教学。根据教育部颁发的《义务教育英语课程标准（2011年版）》，义务教育阶段的英语教学主要的目的是培养学生的综合语言运用能力。为达到这一目标，建议教师创设各种接近现实生活的语境，采用循序渐进的实践活动和过程与结果并重的教学方法（如任务型教学法）来培养学生用英语做事情的能力。《普通高中英语课程标准（2017年版，2020年修订）》也建议教师要创设真实情景引导学生选择得体的语言形式进行有效的交流。《大学英语课程教学要求》也指出，大学英语教学的目标是要培养学生的英语综合应用能力，特别是听说能力，使学生在今后的学习、工作和社交中能有效地用英语进行交际。

尽管大部分师生更偏好融入型教学，也有部分师生更偏好分离型教学。这与瓦莱奥和斯巴达（Valeo，Spada，2016）的研究结果一致，即尽管大部分师生偏好融入型，他们也承认分离型教学的价值。这里需要注意的是，分离型形式聚焦教学不等于只孤立地关注语法规则的传统语法教学方法或朗（1991）提出的全形式聚焦。分离型教学中，虽然对语言形式的聚焦和意义活动是分开进行的，但所聚焦的语言形式和意义活动紧密相关。本书研究中更偏好分离型教学的师生们虽然认为语法应该和交际活动分开，但他们都意识到语法教学应该和语境及交际活动相结合。在访谈中师生们表示，把语法和意义活动分开依次进行效率会更高，学生的注意力也更集中，掌握得会更快，老师的压力也会更小。这里老师们偏好的分离型既有前分离型也有后分离型，这也为第5章研究中将分离型划分为前分离型和后分离型两种时机进一步提供了依据。偏好前分离型教学即先聚焦语言形式再开展相应交际活动的教师认为，对一些较难、较新的语法点必须先由老师显性地讲解，然后学生才能有效地开展接下来的交际活动，而且这样一来，学生在课堂开始时便知道了本节课的学习目标，学习过程中注意力也会更集中。这一看法反映了诺里斯和奥尔特加（Norris，Ortega，2000）及德凯泽（1998，2007）等学者的主张，在本书作者前期的实证研究中也得到了验证（徐锦芬、李昶颖，2018）。偏好后分离型教学即先开展交际活动再聚焦相应语言形式的教师则认为，在课堂开始时进行交际活动会让学生感觉更轻松有趣，学生不会一开始就有畏难心理，学生在交际活动中也可以自己先去思考并发现语法规则，最后再由老师进行总结，这样可使学生掌握得更牢固，也能培养学生独立思考的能力和学习的自主性。

此外，问卷的定性部分和访谈部分的研究结果还表明，虽然大部分师生更偏好融入型并有部分师生偏好分离型，但在实际教学中往往没有纯粹融入或分离的教学，教师往往会混合或结合使用融入型和分离型教学，这一结果与伯格和伯恩斯（2008）的发现一致，即在实际教学中教师既会同时进行形式和意义的教学，也会分开依次进行形式和意义的教学，既有提前计划好的形式聚焦教学，也有即时、偶然的形式聚焦教学。教师在选择形式聚焦教学时机时会考虑一系列因素，如语法点的难易度、学生的水平及掌握情况等。这支持了斯巴达和莱特鲍恩（2008）的观点，即融入型和分离型形式聚焦教学在整体的学习环境中是互为补充的。这两种教学时机的选择并不是绝对的，而是要取决于一系列因素，如语法规则复杂度和学习者发展水平。在本书研究中，除了具体语法点和学生因素之外，考试对教师在实际课堂中语法教学的方式也有很大影响。问卷和访谈中都有师生表示希望减负，本书研究中表示依然会使用传统语法教学方式的教师也主要是受考试压力的影响，他们一方面认为形式应该和意义结合，一方面由于考试压力不得不依然采用传统的教学方式。

至于不同教育层次的影响，问卷的定量数据表明，初中教师比高中和大学教师更赞同融入型形式聚焦教学，高中教师也比大学教师更赞同融入型教学；对分离型形式聚焦教学，大学教师明显比初中和高中教师更赞同，初中教师和高中教师之间则没有显著差异。不同层次学生的定量数据表明，和教师的结果一样的是，初中学生比高中和大学学生更赞同融入型形式聚焦教学，高中生也比大学生更赞同融入型；对分离型，初中生和高中生之间没有显著差异，初中生和大学生之间也没有显著差异，但大学生比高中生显然更赞同分离型，这也与教师的结果基本一致。由此可以看到，不同教育层次的教师和学生对融入型和分离型的偏好基本一致，这一结果与瓦莱奥（Valeo）、斯巴达（2016）和宋侯里（2012）的研究结果一致，说明教师和学生的观点是匹配的。先前对教师和学生关于语法教学和错误改正的信念的研究表明，教师和学生的信念往往不一致（Loewen et al.，2009；Schulz，1996，2001），而本书研究结果与此相反，这也支持了瓦莱奥和斯巴达（2016）的解释，即本书研究中使用的问卷只是关于语法教学时机这一非常具体的问题而非关于语法教学整体的观点，更具体、更有针对性的研究可能会得到更一致的结果。

初中、高中和大学师生对融入型和分离型教学有不同的偏好可能是以下原因。第一，正如一些大学教师和学生在问卷开放题和访谈中提到的，大学英语教学中语法不再是教学重点，但大学教师往往发现他们的学生语法很差，尤其是在写作中往往错误很多，很多大学生也反映自己的语法很差，希望能再系统地好好学习语法。学生语法差并不是因为他们缺乏语法知识，而是语法能力（grammaring）即继听说读写之后的第五种技能（Larsen-Freeman，2003）差，具体表现为学生准确、有意义且恰当使用语法结构的能力较差。本书研究中一些大学教师将大学生语法差归因于初中对语法教学的忽视。这一点在定性数据中也有充分体现，大学教师普遍认为语法非常重要，而初中教师中有教师认为语法很重要也有教师认为语法不重要，应该淡化语法而重视学生的交际能力。大学生的回答表明，他们普遍认为语法很重要但很难，希望能更好地学习语法，而更多的初中生则希望能有趣味地学语法。这使得初中老师和学生都更赞同融入型教学，因为他们认为融入型教学更重视交际也更有趣，而大学老师和学生都更赞同分离型教学，因为他们认为分离型教学更重视语法。第二，这一差异也反映了理想和现实之间的差距。相较于高等教育的师生，处于基础教育阶段的师生面临更重的应试压力。尽管大学生依然需要参加重要的英语考试如四级、六级，但这一考试压力比基础教育阶段升学考试的压力要小得多。第 4 章的个案研究中的教师和本章研究中很多初高中教师在访谈中反映升学压力很大，学校非常强调考试，学生在升学考试中的分数甚至会影响教师的工资水平。此外，大多数初中和高中学生还反映，他们会在课后参加各种培训课以在考试中获得更好的分数。在第 4 章的个案研究中，考试压力对初中课堂的影响还表现在每个主科目都在抢时间，教师需要在短短的 45 分钟内尽可能多地讲解更多的知识点甚至进行大量扩展以使学生能更好地应试。这些现实和初中师生的理想相差甚远，因此很多师生都希望能减负，能有更多时间让学生交际、进行趣味学习，因此，初中师生更赞同融入型教学。第三，基础教育阶段的学生可能更依赖于教师扮演关键角色的即时课堂（Lamb，2017），而大学生更多的是靠自学，这意味着他们不再那么依赖课堂教学。很多大学生在问卷开放题和访谈中都提到，他们会在课后通过各种方法如和他人尤其是外国人交流、观看英语电影电视、使用各种手机应用背单词或练听力等来提升自己的英语水平。许多初高中生也表示，希望能通过和外国人交流或看英语电影等方式来学习，但由于时间有限、有考试压力及其他各种现实原因而无法实现，因此他们更强烈地希望能通过这些方法学习，在玩中学、学中玩。

此外，值得注意的是，虽然不同教育层次的教师和学生都有他们自己喜好或认为有效的语法教学方法，如给学生大量结合实际的例句、将语法和其他技能结合、注意语用功能等，但不同教育层次的教师们都提到，练习是语法教学中很重要的一环，即反复练习可以让学生巩固学到的语法知识。这与技能习得理论是符合的。根据技能习得理论，练习是技能习得中的关键因素，练习可以以更容易程序化的方式重组陈述性知识，并使同时发生的元素组合成更大的块从而减少工作记忆的负担。一旦技能习得中这一关键因素做到了，对新习得的程序性知识的强化、微调和自动化就起到大量练习的功能，这可以增加学习速度并降低错误率（DeKeyser，1998）。另外，很多教师都提到教无定法，即每人都可以有自己的教学方法，适合学生就好，学生因素是教师做出教学决策的重要影响因素。很多学生也指出，兴趣是最好的老师，学习方法有很多，关键得适合自己。这些都说明，不同教育层次的师生有他们自己的语法教学信念体系，不同层次的师生都意识到，需要根据具体情况和个体差异灵活选择。

尽管本章的问卷和访谈数据表明大部分教师和学生更倾向于融入型形式聚焦教学，前一章关于融入型和分离型教学时机效果的实证研究却表明，总体上，分离型的教学效果好于融入型，尤其是对学生显性知识的掌握而言，这样，实际教学和二语习得研究之间的差距再次得到体现。第 4 章的个案研究和本章的问卷及访谈研究中，教师对于为什么教语法、怎么教语法和为什么选择具体某种教学时机的回答大多是根据自己的教学经验和自己作为学习者的经历作出的，很少有教师是根据有关理论和 / 或相关实证研究作出判断的。初中教师的回答中几乎没有理论依据，但有教师表示想了解研究专家的看法和研究结果。高中教师的回答中有一位老师提到自己认同认知语言学，认为语言是人基于现实的体验生成的，语言是表达意义的，而根据一些高中英语语法教学的研究，老师普遍对结构过于重视，而对意义和运用不重视，高中应该重视语法，但应该只重视常见语法结构和意义及运用，不应该太关注特殊点。大学教师的回答中也只有一位教师提到了注意假设。这与先前研究的结果一致，即理论和实证研究结果对教师做出教学决策并没有直接和明显的作用（Borg，Burns，2008；Eisenstein-Ebsworth，Schweers，1997）。

本章探讨了初中、高中和大学英语教师与学生对形式聚焦教学时机的偏好。结果表明，不同教育层次的师生都更赞同融入型形式聚焦教学，但他们也意识到分离型形式聚焦教学的重要性，在实际教学中教师往往会混合或结合使用融入型和分离型教学时机。相较于高中和大学师生，初中师生明显更偏好融入型形式聚焦教学，高中师生也比大学师生更偏好融入型形式聚焦教学；而大学师生比初中和高中师生更偏好分离型形式聚焦教学。不同教育层次的教师和学生的偏好一致。此外，不同教育层次的教师和学生都有自己的语法教学方法，他们都认识到要考虑个体差异和具体语法点等因素，要具体问题具体分析，灵活使用融入型和分离型教学时机。这再次证明了斯巴达和莱特鲍恩（2008）的观点，即每种教学方式在提升语法习得中可能有不同的作用，融入型和分离型形式聚焦教学互为补充，两者的选择取决于一系列其他因素如语法点难易度、学生水平等。

第 7 章　总结与展望

本章首先以研究问题为纲总结本书研究的主要发现，然后论述本书研究的贡献和提供的教学启示，最后提出本书研究存在的不足及未来可以进一步研究的方向。

7.1　本书研究的主要发现

形式聚焦教学作为二语习得领域和教学领域都关注的焦点，其作用已经得到了证实，当前对研究者和教师而言，最重要的问题是如何及何时进行形式聚焦教学最有效。对形式聚焦教学的研究，在内容上，已从最开始探讨形式聚焦教学是否对语言习得有效发展到当前探讨不同环境下的不同类型的形式聚焦教学对不同学习者的效果以及各种影响其效果的因素，研究方法也从通过实验室环境下的实验研究转向在真实课堂环境下的实证研究和描述性研究。形式聚焦教学的研究已有很多，但对实际教学影响却有限，这一方面是由于研究结果往往不一致且大多发生在实验室环境，另一方面是由于忽视了实际教学情况及教师因素。此外，教学时机作为形式聚焦教学实施中的重要因素，当前还没有得到充分研究，已有研究对形式聚焦教学时机的划分并不全面且没有探讨其他影响因素如语法点复杂度、学习者因素、师生偏好的影响。而教学是一个复杂的过程，教学效果受各种因素的影响，因此有必要对形式聚焦教学时机进行较全面的探讨。认知心理学和二语习得领域的研究都表明，语法学习能力有关键期，从青春期晚期（17.4 岁）开始急速下降，因此对基础教育阶段的形式聚焦教学进行研究意义重大，但当前国外研究主要集中在对成人 ESL 学习者的研究上，对 EFL 学习者尤其是青少年的研究较少，国内对基础教育阶段的语法研究更是有限。

为更全面深入地探讨形式聚焦教学，尤其是教师的信念与实践、形式聚焦教学时机及其影响因素，本书首先采用个案描述性研究对三位不同教龄的初中教师进行了课堂观察，然后进行了关于形式聚焦教学信念的访谈，探讨了教师对形式聚焦教学的教学信念与实践以及影响他们信念和实践的因素。在个案描述性研究的基础之上，本书对形式聚焦教学时机进行了较全面的课堂准实验研究。首先，在已有研究基础上对分离型和融入型形式聚焦教学时机对不同语言水平学习者习得英语被动态的效果展开了实验研究，即以初中八年级的三个班为研究对象，将学生分为一个控制组和两个实验组分别接受分离型和融入型教学，并将每组学生划分为高水平和低水平组。学生的习得效果通过完成错误改正测试来衡量。然后，在此基础之上进一步对比了前分离型、后分离型和融入型形式聚焦教学时机对不同水平学习者习得一个较难语法点和一个较容易语法点的效果，即以初中八年级的三个班为研究对象，将学生分为三组分别接受前分离型、后分离型和融入型教学时机的形式聚焦教学，并将每组学生划分为高水平和低水平组。学生通过不同的形式聚焦教学时机学习相对较难和相对较容易的语法点并分别完成对每个语法点的错误改正测试和限时语法判断测试。最后，本书通过问卷调查和访谈探讨了师生对形式聚焦教学时机的偏好以及不同教育层次师生偏好的差异。针对本书提出的三大研究问题，主要结果和发现如下。

1. 初中英语教师对形式聚焦教学的信念和实践及其影响因素

教师对形式聚焦教学的教学信念与教学实践是基本一致的，老师们都认为语法很重要，在信念和实践中都更倾向于形式聚焦教学、前摄性形式聚焦教学和显性教学，但教龄长短会影响教师的教学信念与实践。教龄更长的教师更注重学生的交际能力，他们通常将语法教学与交际活动相联系；教龄更短的教师更倾向于传统语法教学方法，即对学生进行大量语法知识灌输和练习。三位教师对具体的教学措施和教学手段的信念和实践也不同。就形式聚焦教学时机而言，老师们认为融入型适合中等水平学生和较容易的语法点，前分离型适合水平较低的学生和较难或较新的语法点，后分离型适合水平较高的学生和较简单或已有接触的语法点。教师的教学信念和实践受学生、考试、学校、家长等一系列因素的影响，其中学习进修和课程标准对教龄更长的老师影响更大，而教师自身的语言学习经历对教龄更短的教师影响更大。此外，本部分的研究还发现，教师在与研究者的交流中还会反思自己的教学并表达了想要了解相关理论和研究的想法。

2. 不同的形式聚焦教学时机对不同水平学习者习得不同语法点的效果

实验一对比了分离型和融入型形式聚焦教学时机对不同水平学习者习得英语被动语态的效果。结果表明，分离型和融入型形式聚焦教学时机都能显著促进学习者对被动语态的习得，整体上分离型教学时机的即时效果和延时效果都优于融入型。两种教学时机对不同水平的学习者都有促进作用，对高水平学习者的效果更明显，而且总体上分离型形式聚焦教学的效果更好。对高水平学习者而言，分离型的即时效果和延时效果都好于融入型；而对低水平学习者而言，这两种教学时机的即时效果并没有区别，但分离型在延迟效果上更好。

在针对难易度不同的语法点进行研究的实验二和实验三中，学生的显性和隐性知识都有所提升，这说明不同的形式聚焦教学时机能促进学生对难易度不同的语法点的习得。具体而言，学生习得较难的语法点如形容词和副词比较级时，前分离型形式聚焦教学对学习者的显性知识效果最好，而三种形式聚焦教学时机对学生隐性知识的效果相当；学生习得相对容易的语法点如一般将来时，分离型形式聚焦教学尤其是后分离型对学生的显性和隐性知识效果都更明显。这表明，学生习得较难的语法点时，前分离型对学习者显性知识的作用更明显，学生习得较简单的语法点时，后分离型对学习者的效果更好。在实验二和实验三中，不同水平学生的显性知识和隐性知识都有所提升，其中高水平学生的即时和延时效果都好于低水平学生。具体而言，学生习得较难语法点如比较级时，前分离型对低水平和高水平学习者的显性知识的效果都更好，而对高低水平学习者的隐性知识而言，三种教学时机效果相当。学生习得较容易的语法点如一般将来时时，对低水平学习者显性知识而言，前、后分离型教学的即时效果都好于融入型，前分离型和后分离型的效果没有显著差异，三种教学时机的延时效果没有显著差异。对高水平学习者显性知识而言，后分离型的即时和延时效果都更好。对低水平学习者隐性知识而言，后分离型即时的效果更好，三种教学时机的延时效果没有显著差异。对高水平学习者隐性知识而言，三种教学的即时和延时效果相当。

3. 不同教育层次师生对分离型和融入型形式聚焦教学的偏好

定量和定性分析的结果都表明，大部分老师在教学中都会将形式和意义相结合，相较于分离型形式聚焦教学，教师和学生普遍更偏好融入型形式聚焦教学，但也有部分师生更偏好分离型形式聚焦教学。问卷和访谈结果还表明，实际教学中，教师往往不会纯粹进行融入或分离的教学，而是会混合或结合使用融入型和分离型教学，这一结果和第 4 章中的三位教师的教学信念和教学实践是相符的。教师在选择形式聚焦教学时机时会考虑一系列因素如语法点的难易度、学生水平及学生掌握的情况等，此外考试对教师在实际课堂中语法教学的方式也有很大影响。对不同教育层次而言，初中教师比高中和大学教师更赞同融入型形式聚焦教学，高中教师也比大学教师更赞同融入型形式聚焦教学，而大学教师比初中和高中教师显然更赞同分离型形式聚焦教学，初中和高中教师对分离型的偏好无显著差异。学生偏好与教师偏好基本一致，初中生比高中生和大学生更赞同融入型形式聚焦教学，高中生也比大学生更赞同融入型形式聚焦教学，而大学生比高中生更赞同分离型形式聚焦教学，初中生和高中生之间及初中生和大学生之间对分离型的偏好没有显著差异。

7.2 本书研究的贡献

本书研究从多个方面出发，采用个案描述性研究、课堂准实验研究和问卷调查及访谈的方法，较为全面、深入地对形式聚焦教学尤其是教学时机的问题进行了探讨，具有一定的意义和贡献。

首先，本书对教师的教学信念和教学实践进行了描述性研究，并对师生的偏好进行了问卷调查与访谈，这为进一步对形式聚焦教学展开更细致的实证研究提供了信度更高且更贴合教学实际的良好基础，丰富了形式聚焦教学领域的理论，对今后进一步探讨语法教学尤其是初中阶段的语法教学具有借鉴意义，即如克利斯（Creswell，2007）所说，定性研究中所反映的范式和世界观会启示研究实践。与伯格和伯恩斯（2008）研究中的结果一致的是，尽管老师们很少受理论和研究的影响，他们的教学信念和教学实践中所反映的语言形式和意义相结合的方式和时机却反映了甚至超过了相关研究者提出的理论，实际教学中教师往往会根据不同因素选用或者混合使用不同类型、不同时机的形式聚焦教学。这再次说明，教学是一个复杂的过程，其受很多因素的影响，理论的构建与发展需要充分考虑教师的信念与教学实践。对教师的教学信念与教学实践的研究也为二语教师教育者提供了更为细致且真实的教师的想法和行为描述，这能让二语教师教育者了解他们提供给未来教师的这些教学选择是否与当前教师对语法教学的理解与实践相符合。另外，这方面的研究还能促进教师的专业发展，能鼓励其他教师分析自己的教学信念（Clark，1986）并为自己的语法教学实践寻求支撑（Borg，1998）。这里的研究和教学实践的关系不再是研究对教学产生启示这种单向关系，而是互惠互利的关系，即研究植根于实际教学，同时又使教师对教学有更深入的认识，教师可以通过这种认识批判性地审视并改进自己的教学实践（Borg，1998）。将二语习得研究和教师认知研究相结合能使我们更好地理解二语语法教学，寻求调和研究和教学实践的方法对于语言教学研究的可持续发展至关重要（Borg，2006）。

其次，本书对形式聚焦教学时机展开的较全面的课堂准实验研究进一步丰富了相关研究。已有研究如认知心理学领域的研究探讨了隐性教学和显性教学顺序的问题（对应本书中前分离型和后分离型），二语习得领域的研究探讨了形式和意义融入同时进行和分开依次进行的效果（对应本书中融入型和前分离型）。本书在前人研究的基础之上，首先探讨了融入型和分离型的效果，结果表明，这两种形式聚焦教学时机都能显著促进不同水平学生的语法习得，而总体上分离型的效果优于融入型。本书进一步将形式聚焦教学时机划分为前分离型、融入型和后分离型并对三种教学时机的效果进行了对比，结果证明，三种教学时机在不同因素的影响下效果也有所不同，定性研究部分的结果也证实了这三种教学时机在实际教学中都存在，这进一步完善了形式聚焦教学时机的相关研究。此外，考虑到实际的二语教学受很多因素的影响，本书对不同形式聚焦教学时机对不同水平学习者习得难易度不同语法点的显性和隐性知识的效果进行了较为详细的探讨，这为二语习得研究和实际课堂教学都将提供更好的启示，即如帕瓦拉卡（Pawlak，2006）所说，对形式聚焦教学更细致的研究将有可能弥合或至少缩小二语习得理论与研究以及与语言教学之间的差距，因为这是研究者和教师都关注的话题。另外，本书研究在真实的课堂教学中进行，包括正规的教师、学习者、上课时间、教材与活动和教学步骤。这种基于真实课堂的准实验设计具有较高的生态效度，即研究结果在现实环境中具有可转移性（Shadish，Cook，Campbell，2002）。在应用语言学中，斯巴达（2015）警告说，当没有考虑到研究所进行的环境时，就会出现二语理论在教学中的误用。本书研究进行的环境、所研究的教学时机、不同语法点和学习者水平等都是与二语教学息息相关的，所得结果能够更好地应用到实际教学中。

最后，本书研究对初中语法教学展开的描述性研究和课堂准实验研究扩展了当前局限于对成人 ESL 学习者进行探讨的形式聚焦教学研究，更弥补了国内当前对基础教育阶段语法教学研究较少的不足，扩展了研究广度也增加了研究深度；对不同教育层次的教师和学生对形式聚焦教学时机偏好的调查也充分反映了我国当前教育体系中语法教学的连贯性及存在的问题，为进一步研究形式聚焦教学在不同教育层次的实施及效果提供了较好的基础和较丰富的实证依据。本书还为二语教师教育提供了更好的启示。一直以来，二语教师教育者只能向教师介绍语法教学方面的教学选择，而不能说明在真实课堂中教师应何时、如何及为什么使用这些选择（Borg，1998）。本书对教师的教学信念与实践以及对形式聚焦教学时机开展的较系统的研究将进一步促进教师教育的发展，为教师的教学实践提供良好启示。

7.3 本书研究提供的教学启示

如前所述，本书研究首先对实际课堂进行了观察并在此基础之上在真实的课堂教学中开展了课堂准实验研究，最大化地贴近了实际课堂，因此研究结果在现实课堂中具有可转移性，对我国语法教学尤其是初中阶段的语法教学具有一定的借鉴和指导意义。

首先，对教师关于形式聚焦教学的信念与实践以及对师生关于形式聚焦教学时机偏好的研究表明，教师都认为需要形式聚焦教学，他们在实践中也大多是将语言形式和意义相结合进行教学的，但对于具体的实施如教学时机和教学方法与具体措施，教师有不同的信念与实践。教师所做的教学决策受一系列因素的影响，如教龄长短、语法点、学生因素、考试压力和其他环境因素等。教师的判断和决策通常基于自己的学习或教学经历与经验，很少受理论和研究的影响，教师们也反映，自己在教学中存在各种问题和困惑，不少教师都表达了想要了解相关理论和研究的想法。这反映了理论和研究与教学实践之间是相互作用的，理论与研究可以促进教师去思考并尝试新的实践，在自己做出教学决策时能更自信地做到有据可依，而教师的信念与实践也进一步扩展了理论和研究。因此，一方面教师应该主动地去了解更多相关领域较权威和较前沿的理论和研究；另一方面研究者也应植根于实际课堂教学，根据教师的具体问题形成研究框架并以直接而尊重的方式向教师传达研究的结果，从而使研究和实践互惠互利（Larsen-Freeman，2015）。

其次，本书研究结果表明，形式聚焦教学对不同难度语法点和不同水平学习者的隐性和显性知识都有促进作用，整体上分离型形式聚焦教学对不同水平学习者的效果更明显，这说明对基础教育阶段的学习者而言，教师需要显性地、单独地引导学习者注意语言形式。在学习者水平通常参差不齐的真实课堂中，教师可以使用分离型教学，具体而言，对较难的语法点如英语被动语态和比较级，教师需要首先显性地引领学生熟悉和了解相关的语法点，然后再开展相应的意义为主的活动；对较简单的语法点如一般将来时，教师也可以先开展意义活动，然后引导学生注意其中的语法点。尤其对于水平较低的学生而言，教师需要显性地、特意地讲解相关语法规则和使用并开展相应的意义活动以加深学生的理解和运用。此外，隐性知识的发展较为缓慢，教师需要开展更多的有意义的练习以加深和巩固学生的已有知识，使学生的显性知识能够进一步转化为隐性知识以促进学生隐性知识的发展。

再次，尽管分离型教学的整体效果被证明好于融入型，对师生偏好的调查却表明，大部分教师和学生更偏好融入型，因为融入型更关注意义活动，被认为更有趣、更能提升学习者的学习动机。还有少数教师认为语法教学是不必要的。这时，教师对理论和研究了解的缺乏再次得到展现，这说明教师对不同类型的形式聚焦教学还没有较清晰的认识。另外，虽然教师们都意识到语言形式应该和意义相结合，但如本书中一些教师所反映的，当前还缺乏相应的指导和材料，教师往往不知道如何在教学中将两者结合。因此，应开展相应的教师教育项目以较全面地向教师呈现各种不同形式聚焦教学在不同环境和不同因素影响下的不同效果，对于在实际教学中语法和交际教学相结合的具体方法和策略也应该结合具体案例给予相应指导，还应通过实际的教学展示并开发相应的教学材料来进一步辅助教师的教学。

最后，对不同教育层次师生偏好的调查表明，不同教育层次的师生观点存在差异，一些教师的回答反映出初中、高中和大学的语法教学之间存在一定的断层。高等教育的教师普遍发现自己的学生语法较差，有教师将这归因于基础教育阶段对语法教学的忽视；而基础教育阶段的教师却普遍反映应试压力尤其是对语法的考察压力过大，认为应该适当淡化语法。教师对不同教育层次语法教学的认知还停留在自己作为学习者时期的认知，对当前各阶段的实际教学并不十分了解。拉尔森－弗里曼（Larsen-Freeman，2015）提出，语法并不是静态和有限制的一个系统，练习也不一定会让学习者线性地、越来越好地掌握这个系统，语法系统不是封闭的，而是不断进化的，是一个动态的系统。因此，不同教育层次的语法教学也应该是连贯的、发展的，这一方面需要政策制定者和课程设计者对不同教育层次的语法教学进行统筹规划，一方面也需要研究者和教师合作，去了解不同教育层次的语法教学现状和出现的新问题，并针对这些问题开展研究。此外，学生的语法较差并不意味着他们没有掌握好相关的语法规则，而只能说明他们的语法能力可能较差，即在适当的时候恰当运用语法的能力较差（Larsen-Freeman，2015），因此教师应注意培养学生的语法能力而不只是让学生死记硬背语法规则。

7.4　本书研究的局限及未来研究方向

本书研究对教师关于形式聚焦教学的信念和实践进行了个案描述性研究，并在此基础之上在真实的课堂环境下对形式聚焦教学时机与语法点和学习者影响进行了课堂准实验研究，最后还调查了不同教育层次师生的偏好。本书研究具有较高的生态效度，扩展了相关理论和研究成果并对实际教学中形式聚焦教学的实施有一定的借鉴和启示意义。尽管本书研究在研究设计和实施中尽量做到严格规范且贴近实际教学，但由于各种现实因素，本书的研究还存在一定不足与发展空间。

首先，在课堂准实验研究中对每个语法点的教学时间较短，即只对每个语法点进行了两节课的教学，其中一节课用于语言形式的教学，另外一节课用于意义活动的教学，这是为了保证对语言形式和意义的关注时间相当（Spada et al.，2014）。但是，学习是一个缓慢积累的过程，尤其是隐性知识的习得（DeKeyser，2003）。本书研究中学习者在显性知识上的提升均大于在隐性知识上的提升就充分反映了这点。因此，未来研究可以在此基础上适当延长实验教学时间，这可以进一步验证本书研究的结果，也将进一步证实形式聚焦教学对隐性知识的作用。

其次，本书研究分别使用了错误改正测试和限时语法判断测试来测量学生的显性知识和隐性知识的提升。虽然这两项测试被证明可以较好地测量显性和隐性知识（Ellis，2005），但设计完全区分显性和隐性知识的测试很难，为使测试更好地反映显性和隐性知识，未来的研究应使用多种测量手段以使结果三角化达到更高效度（Cohen et al.，2017）。此外，金姆和南姆（2017）的研究表明，限时语法判断测试和口头模仿测试虽然都是信度和效度较高的测量隐性知识的方法，两者所要求的加工类型却不一样，限时语法判断测试是理解加工而口头模仿测试是输出加工，口头模仿测试比限时语法判断测试更加依赖于隐性知识。另外，限时语法判断测试以听力的形式展现，这比以书面的形式展现更加依赖于隐性知识。本书研究考虑到学生的实际水平及研究的可操作性，选择了书面呈现的语法判断测试，未来研究尤其是对成人学习者和教学时间较长的教师的实验可以采用不同形式的测量任务以更好地测量学习者的显性知识和隐性知识。

再次，本书研究只探讨了形式聚焦教学对学习者的语法习得效果，如前所述，形式不仅包含语法还包含形态规则、语义规则、词汇、语用等方面。未来研究可以对其他不同方面进行探讨。此外，当前关于语法复杂度、难易度还没有统一标准，为最大程度地贴近实际课堂教学并遵循实际教学顺序，本书研究基于教师和学生的观点及文献阅读选择了难易度不同的语法点，但不同的语法复杂度判断标准可能会得到不一样的结果。未来研究可以在本书研究的基础上进行复制研究以探讨不同的形式聚焦教学时机对其他语言形式的效果。另外，本书研究探讨了形式聚焦教学时机和语法点难易度、学习者语言水平、师生偏好影响因素，未来研究还可以探讨其他影响因素如演绎或归纳式教学、学习者工作记忆、学习者学习风格等。

此外，未来研究还应进一步研究语法的语用。拉尔森－弗里曼（2015）提出，语法不仅仅关乎形式和意义，还涉及在文本中的使用，即当两个或两个以上的语法结构表达的意义相近或相同时，学习者应知道何时该用哪一种结构，这对大多数学习者尤其是高级学习者而言都是巨大的挑战，但当前研究还没有对语法的语用问题有所关注。拉尔森－弗里曼（2015）认为，语法不是一个静态、封闭的系统，而是一个动态且不断进化的系统（grammaring）。未来研究应该着力于研究学习者的语法能力的发展，将其视为一个动态、整体的系统进行探讨，同时应将语法教学的研究置于不同的教育层次以更好地探讨学习者语法能力的发展变化。

最后，本书研究在对初中英语课堂进行观察时发现，当前的初中英语教学存在许多值得研究的地方，如学生的学习动机、教师自身的发展、家长的参与等。本书研究表明，教师的教学决策受一系列因素的影响，尤其对于基础教育阶段而言，教师、家长和社会等环境因素之间密切关联，直接影响学习者的学习和教师的教学，未来研究还可以从社会文化视角出发来研究语法教学和语法习得。未来研究应该重视我国初中英语教学，对初中教学的各方面进行比较系统、比较科学的研究。教育的各个环节是循序渐进、相互影响的，未来研究还应将基础教育研究与高等教育研究相结合而不是割裂开来。

参考文献

蔡植瑜，2008. 交际语言教学中的聚焦于形插曲——英语专业精品课程课堂教学个案研究［J］. 外语教学理论与实践（3）：20–28.

窦岩，2015. 大学外语教师的教师信念与教学行为研究［J］. 外语教学理论与实践（3）：42–48.

高强，李艳，2006. 国外语言形式教学新近研究进展述评［J］. 外语教学（5）：53–58.

高强，刘振前，2008. 教师认知视角下的二 / 外语语法教学——国外实证研究综述［J］. 外语教学理论与实践（2）：62–67.

高强，秦俊红，2010. 大学英语教师语法教学信念与课堂教学实践关系探究［J］. 外语教学理论与实践（3）：50–56.

高强，张洁，2010. 大学英语教师语法教学信念研究［J］. 中国外语 7（5）：77–84.

何莲珍，王敏，2004. 交际课堂中的形式教学——国外近期研究综述［J］. 外语与外语教学（1）：23–27.

李少锋，Ellis R，束定芳，2016. 纠错反馈时机对不同二语水平学习者的教学效果研究［J］. 外语与外语教学（1）：1–14.

李茜，2013. 任务后语言形式聚焦对英语学习者口语产出的影响［J］. 外语教学与研究（2）：214–226.

李茜，2015. 任务类型及任务频次对英语学习者口语产出的影响——以任务后语言形式聚焦为情境［J］. 外语与外语教学（6）：42–48.

林梅，刘学惠，林昕，2008. 国外“形式聚焦”理论综述［J］. 外语教学理论与实践（4）：82–87.

林琼，2009. 国外交互性形式教学研究综述［J］. 天津外国语学院学报（3）：63–70.

刘岩，2009.PPP 教学及两种任务式教学的二语课堂词汇习得效果之比较［J］. 天津外国语学院学报（5）：72–80.

刘忠政，李西，2010. 近 12 年国内英语语法教学研究综述与前瞻［J］. 外国语文（26）：

122–125.

楼荷英，寮菲，2005. 大学英语教师的教学信念与教学行为的关系——定性与定量分析研究［J］. 外语教学与研究 37（4）：271–275.

覃成强，2007. 论英语教师的教学信念与课堂教学实践的关系——一项基于认知调查和课堂观察的研究［J］. 外语教学 28（5）：40–44.

王蓓蕾，2016. 大学英语课堂任务后学生互动中的语言形式聚焦探究［J］. 外语与外语教学（1）：42–49.

王伟清，2017. 偶发型聚焦形式中的学习者接纳行为研究［J］. 现代外语（6）：790–801.

徐锦芬，李昶颖，2018. 任务前后语言形式聚焦对英语学习者语法习得影响的对比研究［J］. 外语教学理论与实践（1）：74–80.

杨鲁新，付晓帆，2014. 语法教学理念及实践转变——活动理论取径［J］. 外语与外语教学（1）：60–66.

杨童瑶，杨敏，2013. 近三十年国内英语语法学习研究综述［J］. 科教文汇（11）：108–113.

张一平，2006. “Focuson Form”在第二语言教学中的理论和实践［J］. 西安外国语学院学报（4）：43–47.

中华人民共和国教育部，2011. 义务教育英语课程标准（2011 年版）［S］. 北京师范大学出版社 .

中华人民共和国教育部，2017. 普通高中英语课程标准（2017 年版 2020 年修订）［S］. 北京：人民教育出版社 .

中华人民共和国教育部，2007. 大学英语课程教学要求［S］. 上海外语教育出版社 .

邹慧民，2012. 交际语言任务中的“形式关注”［J］. 外语与外语教学（1）：21–25.

AHMADI M，FARSANI M N，ZADEH N S，2016.Teachers ‘ practice and language learners ’ preferences for form-focused instruction：does matching work?［J］. International Journal of Humanities and Cultural Studies，52–65.

AMMAR A，SPADA N，2006. One size fits all? Recasts，prompts，and L2 learning［J］. Studies in Second Language Acquisition，28（4）：543–574.

ANDREWS S，2003. ‘ Just like instant noodles ’：L2 teachers and their beliefs about grammar pedagogy［J］. Teachers and Teaching，9：351–376.

ANSARIN A A，ABAD B A A，KHOJASTEH M R B，2014. Isolated and integrated form-focused instruction from learners' perspective［J］. The Asia-Pacific Education Researcher，24：299–307.

BARNARD R，SCAMPTON D，2008. Teaching grammar：a survey of EAP teachers in New Zealand［J］. New Zealand Studies in Applied Linguistics，14（2）：59–82.

BASTURKMEN H，2012. A review of research into the correspondence between language teachers' stated beliefs and practices［J］. System，40：282–295.

BORG S，1998. Teachers' pedagogical systems and grammar teaching：A qualitative study［J］. TESOL Quarterly，32：9–38.

BORG S，1999. Studying teacher cognition in second language grammar teaching［J］. System，27：19–31.

BORG S，2003a. Second language grammar teaching：Practices and rationales［J］. Ilha do Desterro，41：157–185.

BORG S，2003b. Teacher cognition in grammar teaching：A literature review［J］. Language Awareness，12（2）：96–108.

BORG S，2003c. Teacher cognition in language teaching：A review of research on what language teachers think，know，believe，and do［J］. Language Teaching，36（2）：81–109.

BORG S，2006. Teacher Cognition and Language Education［M］. Continuum，London.

BORG S，2009. Exploring tensions between teachers' grammar teaching beliefs and practices［J］. System，37：380–390.

BORG S，2011. The impact of in-service education on language teachers' beliefs［J］. System，39：370–380.

BORG S，BURNS A，2008. Integrating grammar in adult TESOL classrooms［J］. Applied Linguistics，29（3）：456–482.

BURNS，A，1992. Teacher beliefs and their influence on classroom practice［J］. Prospect，7：56–66.

BUTLER A，KARPICKE J，ROEDIGER，H，2007. The effect of type and timing of feedback on learning from multiple-choice tests［J］. Journal of Experimental Psychology：Applied，13（4）：273–281.

CALZADA A，GARCÍA M M，2021. Child learners' reflections about EFL grammar in a collaborative writing task：when form is not at odds with communication［J］. Language Awareness，30：1–16.

CARLESS D，2012. TBLT in EFL settings-looking back and moving forward［C］// SHEHADEH A，COOMBE C A，Task-Based Language Teaching in Foreign Language

Contexts : Research and Implementation. Philadelphia/Amsterdam : John Benjamins. 345–358.

CELCE-MURCIA M, 2001. Language teaching approaches: An overview [C] // CELCE-MURCIA M, Teaching English as a Second or Foreign Language. Boston : Heinle & Heinle. 3–11.

CLARK C M, 1986. Ten years of conceptual development in research on teacher thinking [C] //BEN-PERETZ M, BROMME R, HALKES P, Advances of Research on Teacher Thinking. Lisse: Swets and Zeitlinger. 7–20.

COHEN J, 1988. Statistical Power Analysis for the Behavioral Sciences (2nd edition) [M]. Hillsdale, NJ: Lawrence Erlbaum.

COHEN L, MANION L, MORRISON K, 2017. Research Methods in Education (8th edition) [M] . London: Routledge.

CRESWELL J W, 2007. Qualitative Inquiry & Research Design : Choosing Among Five Approaches (2nd edition) [M] . Thousand Oaks, CA: Sage.

D'AMICO M L, 2013. Approaching the direct object pronouns : How much grammatical form is necessary in instruction? [J] Open Journal of Modern Linguistics, 3 (4): 319–329.

DANKS J H, GANS D L, 1975. Acquisition and utilization of a rule structure [J] . Journal of Experimental Psychology: Human Learning and Memory, 1 (2): 201–208.

DEKEYSER R, 1994. Implicit and explicit learning of L2 grammar : A pilot study [J] . TESOL Quarterly, 28: 188–194.

DEKEYSER R M, 1995. Learning second language grammar rules : An experiment with a miniature linguistic system [J] . Studies in Second Language Acquisition, 17 : 379–410.

DEKEYSER R M, 1998. Beyond focus on form : Cognitive perspective on learning and practicing second language grammar [C] // DOUGHTY C, WILLIAMS J, Focus on Form in Classroom Second Language Acquisition [C] . Cambridge : Cambridge University Press. 42–63.

DEKEYSER R M, 2000. The robustness of critical period effects in second language acquisition [J] . Studies in Second Language Acquisition, 22: 493–533.

DEKEYSER R M, 2003. Implicit and explicit learning [C] //DOUGHTY C, H LONG J, Handbook of Second Language Acquisition. Oxford: Blackwell. 313–348.

DEKEYSER R M，2005. What makes learning second-language grammar difficult? A review of issues［J］. Language Learning，55：1–25.

DEKEYSER R M，2007. Skill acquisition theory［C］// VANPATTEN B，JWILLIAMS，Theories in Second Language Acquisition：An Introduction. Mahwah，NJ：Lawrence Erlbaum. 97–113.

DÖRNYEIZ，2005. The Psychology of the Language Learner［M］. Mahwah，NJ：Lawrence Erlbaum.

DOUGHTY C，2001. Cognitive underpinnings of focus on form［C］//Robinson P，Cognition and Second Language Instruction. Cambridge：Cambridge University Press. 206–257.

DOUGHTY C，WILLIAMS J，1998. Focus on Form in Classroom Second Language Acqui-sition［C］. New York：Cambridge University Press.

DOUGHTY C，WILLIAMS J，1998. Pedagogical choices in focus on form［C］//C DOUGHTY，J WILLIAMS，Focus on Form in Classroom Second Language Acquisition. Cambridge：Cambridge University Press.197–262.

ELGÜN-GÜNDÜZ Z，AKCAN S，BAYYURT Y，2012. Isolated form-focused instruction and integrated form-focused instruction in primary school English classroom in Turkey［J］. Language，Culture and Curriculum，25（2）：157–171.

ELLIS N C，1993. Rules and instances in foreign language learning：Interactions of explicit and implicit knowledge［J］. European Journal of Cognitive Psychology，5（3）：289–318.

ELLIS N C，1994. Introduction：Implicit and explicit language learning：An overview［C］// ELLIS N C，Implicit and Explicit Learning of Languages. San Diego，CA：Academic Press. 1–31.

ELLIS N C，2002. Frequency effects in language processing：A review with implications for theories of implicit and explicit language acquisition［J］. Studies in Second Language Acquisition，24：143–188.

ELLIS N C，2005. At the interface：Dynamic interactions of explicit and implicit language knowledge［J］. Studies in Second Language Acquisition，27：305–352.

ELLIS R，1993. The structural syllabus and second language acquisition［J］. TESOL Quarterly，27：91–113.

ELLIS R，1994. A theory of instructed second language acquisition［C］//ELLIS N C，

Implicit and Explicit Learning of Languages. San Diego，CA：Academic Press. 79–114.

ELLIS R，2001. Introduction：investigating form-focused instruction［J］. Language Learning，51 supplement：1–46.

ELLIS R，2002. Does form-focused instruction affect the acquisition of implicit knowledge? A review of research［J］. Studies in Second Language Acquisition，24：223–236.

ELLIS R，2005. Measuring implicit and explicit knowledge of a second language：A psychometric study［J］. Studies in Second Language Acquisition，27：141–172.

ELLIS R，2015. Form-focused instruction and the measurement of implicit and explicit L2 knowledge［C］//REBUSCHAT P，Implicit and Explicit Learning of Languages. John Benjamins Publishing Company. 417–441.

ELLIS R，2016. Focus on form：A critical review［J］. Language Teaching Research，20：405–428.

ELLIS R，BASTURKMEN H，LOEWEN S，2001a. Learner uptake in communicative ESL lessons［J］. Language Learning，51：281–318.

ELLIS R，BASTURKMEN H，LOEWEN S，2001b. Preemptive focus on form in the ESL classroom［J］. TESOL Quarterly，35：407–432.

EISENSTEIN-EBSWORTH M，SCHWEERS C W，1997. What researchers say and practitioners do：Perspectives on conscious grammar instruction in the ESL classroom［J］. Applied Language Learning，8（2）：237–260.

ESTAIRE S，ZANON J，1994. Planning Class Work：A Task-Based Approach［M］. Oxford：Heinemann.

FILE K A，ADAMS R，2010. Should vocabulary instruction be integrated or isolated?［J］. TESOL Quarterly，44（2）：222–249.

FLOWER L S，HAYES J R，1980. The dynamics of composing：Making plans and juggling constraints［C］//GREGG L W，STEINBERG E R，Cognitive Processes in Writing. Hillsdale，NJ：Lawrence Erlbaum. 31–50.

FOSS D H，KLEINSASSER G D，1996. Preservice elementary teachers' views of pedagogical and mathematical content knowledge［J］. Teaching and Teacher Education，12（4）：429–442.

FRANKS J J，BILBREY C W，LIEN K G，MCNAMARA T P，2000. Transfer-appropriate processing（TAP）and repetition priming［J］. Memory and Cognition，28：1140–1151.

GRAAFF D R，1997. The experanto experiment：Effects of explicit instruction on second language acquisition［J］. Studies in Second Language Acquisition，19：249–276.

GRAUS J，COPPEN P，2015. Grammatical difficulty：A student teacher perspective［J］. Language Awareness，24：101–122.

GRAUS J，COPPEN P，2016. Student teacher beliefs on grammar instruction［J］. Language Teaching Research，20（5）：571–599.

GRAUS J，COPPEN P，2017. The interface between student teacher grammar cognitions and learner-oriented cognitions［J］. Modern Language Journal，101（4）：643–668.

GREEN S B，SALKIND N J，2005. Using SPSS for Windows and Macintosh：Analyzing and Understanding Data［M］. Upper Saddle River，NJ：Pearson Education.

HADLEY A，2001. Teaching Language in Context［M］. Boston：Heinle and Heinle.

HARLEY B，1992. Patterns of second language development in French immersion［J］. French Language Studies，2：159–183.

HARTSHORNE J K，TENENBAUM J B，PINKER S，2018. A critical period for second language acquisition：Evidence from 2/3 million English speakers［J］. Cognition，177：163–277.

HENRY N，CULMAN H，VANPATTEN B，2009. More on the effects of explicit information in instructed SLA：A partial replication and a response to Fernández（2008）［J］. Studies in Second Language Acquisition，31（4）：559–575.

HERRON C，1976. An investigation of the effectiveness of using an Advance Organizer in the foreign language classroom［J］. Modern Language Journal，78：190–198.

HINKEL E，2011. Handbook of Research in Second Language Teaching and Learning：Volume II［M］. New York：Routledge.

HINKEL E，FOTOS S，2008. New Perspectives on Grammar Teaching in Second Language Classrooms［M］. Lawrence Erlbaum Associates，Taylor & Francis Group.

HORWITZ E K，1990. Attending to the affective domain in the foreign language classroom［C］// MAGNAN S，Shifting the Instructional Focus to the Learner Middlebury，VT：Northeast Conference on the Teaching of Foreign Languages. 15–33.

HOWATT A，1984. A History of English Language Teaching［M］. Oxford：Oxford University Pres.

HOUSEN A，PIERRARD M，VAN DAELE S，2005. Rule complexity and the efficacy of explicit grammar instruction［C］//HOUSEN A，PIERRARD M，Investigation in

Instructed Language Acquisition. Amsterdam: Mouton de Gruyter. 235–269.

HULSTIJN J H, 2002. Towards a unified account of the representation, processing and acquisition of second language knowledge [J] . Second Language Research, 18: 193–223.

HULSTIJN J H, GRAAFF D R, 1994. Under what conditions does explicit knowledge of a second language facilitate the acquisition of implicit knowledge? A research proposal [J] . AILA Review, 11: 97–112.

HYMES D, 1972. On communicative competence [C] // PRIDE J B, HOLMES J, Sociolinguistics. Harmondsworth: Penguin. 269–293.

JU M K, 2000. Overpassivization errors by second language learners [J] . Studies in Second Language Acquisition, 22: 85–111.

KARTCHAVA E, AMMAR A, 2014. Learners' beliefs as mediators of what is noticed and learned in the language classroom [J] . TESOL Quarterly, 48: 86–109.

KASPROWICZ R, MARSDEN E, 2018. Towards ecological validity in research into input-based practice : Form spotting can be as beneficial as form-meaning practice [J] . Applied Linguistics, 39 (6): 886–911.

KATZ L, 1972. Developmental stages of preschool teachers [J]. Elementary School Journal, (1): 50–54.

KELLOGG R T, 1996. A model of working memory in writing [C] // LEVY C M, RANSDELL S, The Science of Writing : Theories, Methods, Individual Differences, and Applications. Mahwah, NJ: Lawrence Erlbaum Associates. 57–72.

KERN R G, 1995. Students' and teachers' beliefs about language learning [J] . Foreign Language Annals, 28 (1): 71–92.

KIM J, 2012. The Optimal Conditions for Form-Focused Instruction : Method, Target complexity, and Types of Knowledge [D] . Ph.D. dissertation, Graduate School of Arts and Sciences of Georgetown University.

KIM J, 2014. Timing of form-focused instruction and development of implicit vs. explicit knowledge [J] . English Teaching, 69 (2): 123–147.

KIM J, NAM H, 2017. Measures of implicit knowledge revisited : Processing modes, time pressure, and modality [J] . Studies in Second Language Acquisition, 39: 431–457.

KIM K, BEBUSCHAT P, 2010. At the interface of explicit and implicit knowledge : Evidence for synergistic effects in L2 development [C] . Paper presented at Second Language Research Forum (SLRF), College Park, MD.

KIM Y，MCDONOUGH K，2008. The effect of interlocutor proficiency on the collaborative dialogue between Korean as a second language learners [J]. Language Teaching Research，12：211–234.

KRASHEN S D, 1981. Second Language Acquisition and Second Language Learning [M]. Oxford：Oxford University Press.

KRASHEN S D，1982. Principles and Practice in Second Language Acquisition [M]. Oxford：Pergamon Press.

KRASHEN S D，1993a. The effect of formal grammar teaching：Still peripheral [J]. TESOL Quarterly，27：722–725.

KRASHEN S D，1993b. The Power of Reading：Insights from the Research [M]. Englewood，Colorado：Libraries Unlimited.

KRASHEN S D，1994. The input hypothesis and its rivals [C] // ELLIS N C，Implicit and Explicit Learning of Languages. San Diego，CA：Academic Press. 45–77.

KRASHEN S D，TERRELL T，1983. The Natural Approach：Language Acquisition in the Classroom [M]. Oxford：Pergamon.

LAMB M, 2017. The motivational dimension of language teaching [J]. Language Teaching, 50 (3)：301–346.

LARSEN-FREEMAN D，1991. Teaching grammar [C] // CELCE-MURCIA M, Teaching English as a Second or Foreign Language. Boston：Heinle and Heinel. 279–295.

LARSEN-FREEMAN D, 2003. Teaching Language：From Grammar to Grammaring [M]. Boston：Thomson-Heinle.

LARSEN-FREEMAN D, 2015. Research into practice：Grammar learning and teaching [J]. Language Teaching，48：263–280.

LARSEN-FREEMAN D，CAMERON L，2008. Complex Systems and Applied Linguistics [M]. Oxford：Oxford University Press.

LAUFER B，1997. The lexical plight in second language reading：Words you don't know, words you think you know，and words you can't guess [C] // J COADY，T HUCKIN, Second Language Vocabulary Acquisition：A Rational for Pedagogy. Cambridge：Cambridge University Press. 20–33.

LAUFER B，2005. Focus on form in second language vocabulary learning [J]. EUROSLA Yearbook，5：223–250.

LAUFER B，2006. Comparing focus on form and focus on forms in second-language vocabulary learning [J] . Canadian Modern Language Review, 63 (1): 149–166.

LAUFER B, HULSTIJN J, 2001. Incidental vocabulary acquisition in a second language : The construct of task-induced involvement [J] . Applied Linguistics, 22: 1–26.

LEE S-K, 2007. Effects of textual enhancement and topic familiarity on Korean EFL students' reading comprehension and learning of passive form [J] . Language Learning, 57: 87–118.

LEESER M J, 2004. Learner proficiency and focus on form during collaborative dialogue[J]. Language Teaching Research, 8: 55–81.

LEUNG J, 2007. Implicit Learning of Form-Meaning Connections [D] . Unpublished PhD dissertation. University of Cambridge, UK.

LI S, 2014. The interface between feedback type, L2 proficiency, and the nature of the linguistic target [J] . Language Teaching Research, 18 (3): 373–396.

LI S, ELLIS R, ZHU Y, 2016. Task-based versus Task-supported language instruction : An experimental study [J] . Annual Review of Applied Linguistics, 36: 205–229.

LIAMKINA O, RYSHINA-PANKOVA M, 2012. Grammar dilemma : Teaching grammar as a resource for making meaning [J] . The Modern Language Journal, 96: 270–289.

LIGHTBOWN P M, 1983. Exploring relationships between developmental and instructional sequences in L2 acquisition [C] // SELIGER H, LONG M, Classroom Oriented Research in Second Language Acquisition. Rowley, MA : Newbury House Publishers. 217–245.

LIGHTBOWN P M, 1998. The importance of timing in focus on form [C] // DOUGHTY C, WILLIAMS J, Focus on Form in Classroom Second Language Acquisition. New York : Cambridge University Press. 177–196.

LIGHTBOWN P M, SPADA N, 1990. Focus on form and corrective feedback in communicative language teaching : Effects on second language learning [J] . Studies in Second Language Acquisition, 12: 429–448.

LOCKE E A, LATHAM G P, 2002. Building a practically useful theory of goal setting and task motivation: A 35-year odyssey [J] . American Psychologist, 57: 705–717.

LOCKE E A, LATHAM G P, 2006. New directions in goal-setting theory [J] . Current Directions in Psychological Science, 15: 265–268.

LOEWEN S, LI S, FEI F, et al, 2009. Second language learners' beliefs about grammar instruction and error correction [J] . Modern Language Journal, 93 (1): 91–104.

LONG M H，1983. Native speaker/non-native speaker conversation and the negotiation of comprehensible input［J］. Applied Linguistics，4（2）：126–141.

LONG M H，1988. Instructed interlanguage development［C］// BEEBE L M，Issues in Second Language Acquisition：Multiple Perspectives. New York：Harper & Row. 115–141.

LONG M，1991. Focus on form：A design feature in language teaching methodology［C］// DE BOT K，GINSBERG R，KRAMSCH C，Foreign Language Research in Cross-Cultural Perspectives . Amsterdam：John Benjamins. 39–52.

LONG M H，2015. Second Language Acquisition and Task-Based Language Teaching［M］. Malden，MA：Wiley Blackwell.

LONG M H，ROBINSON P，1998. Focus on form：Theory，research and practice［C］// DOUGHTY C，WILLIAMS J，Focus on Form in Classroom Second Language Acquisition. New York：Cambridge University Press. 15–41.

LORTIE D，1975. Schoolteacher：A Sociological Study［M］. Chicago：University of Chicago Press.

LYSTER R，1994. The effect of functional-analytic teaching on aspects of French immersion learners' sociolinguistic competence［J］. Applied Linguistics，15：263–287.

LYSTER R，1987. Speaking immersion［J］. The Canadian Modern Language Review，43：701–717.

LYSTER R，1998. Recasts，repetition，and ambiguity in L2 classroom discourse［J］. Studies in Second Language Acquisition，20：51–81.

LYSTER R，2004. Differential effects of prompts and recasts in form-focused instruction［J］. Studies in Second Language Acquisition，26：399–432.

LYNCH T，2007. Learning from the transcripts of an oral communication task［J］. ELT Journal，61：311–320.

MACKEY A，PHILP J，1998. Conversational interaction and second language development：Recasts，responses，and red herrings?［J］Modern Language Journal，3：338–356.

MAO S S，CROSTHWAITE P，2019. Investigating written corrective feedback：（Mis）alignment of teachers' beliefs and practice［J］. Journal of Second Language Writing，45：46–60.

MATHEWS R C，BUSS R R，STANLEY W B，et al，1989. Role of implicit and explicit processes in learning from examples：A synergistic effect［J］. Journal of Experimental

Psychology: Learning, Memory, and Cognition, 15 (6): 1083–1100.

MILLARD D J, 2000. Form-focused instruction in communicative language teaching : Implications for grammar textbooks [J] . TESL Canada Journal, 18 (1): 47–57.

MORI R, 2011. Teacher cognition in corrective feedback in Japan [J] . System, 39 : 451–467.

MORRIS C D, BRANSFORD J D, FRANKS J J, 1977. Levels of processing versus transfer appropriate processing [J] . Journal of Verbal Learning and Verbal Behavior, 16: 519–533.

MURRAY D E, CHRISTISON M A, 2011. What English Language Teachers Need to Know Volume Ⅱ : Facilitating Learning [M] . New York: Routledge/Taylor & Francis.

NASSAJI H, 2016. Research timeline : Form-focused instruction and second language acquisition [J] . Language Teaching, 49 (1): 35–62.

NASSAJI H, FOTOS S, 2011. Teaching Grammar in Second Language Classrooms-Integrating Form-Focused Instruction in Communicative Context [M] . Routledge, New York and London.

NORRIS J M, ORTEGA L, 2000. Effectiveness of L2 instruction : A research synthesis and quantitative meta-analysis [J] . Language Learning, 50 (3): 417–528.

PARADIS M, 1994. Neurolinguistic aspects of implicit and explicit memory : Implications for bilingualism and SLA [C] // ELLIS N C, Implicit and Explicit Learning of Languages. San Diego, CA: Academic Press. 393–419.

SMITH S M, 1981. Consciousness-raising and the second language learner [J] . Applied Linguistics, 2: 159–169.

PAWLAK M, 2006. The Place of Form-Focused Instruction in the Foreign Language Classroom [M] . Kalisz-Poznan': Wydawnictwo WPA UAM.

PEACOCK M, 2001. Pre-service ESL teachers' beliefs about second language learning : A longitudinal study [J] . System (2): 177–195.

PICA T, 2002. Subject-matter content : How does it assist the interactional and linguistic needs of classroom language learners? [J] Modern Language Journal, 86 (1): 1–19.

POLIO C, ZYZIK E, 2009. Don Quixote meets " ser " and " estar " : Multiple perspectives on language learning in Spanish literature classes [J] . The Modern Language Journal, 93 (4): 550–569.

QIN J, 2008. The effect of processing instruction and dictogloss tasks on acquisition of the

English passive voice [J] . Language Teaching Research，12：61–82.

RADWAN A A，2005. The effectiveness of explicit attention to form in language learning [J] . System，33：69–87.

RANTA L，2002. The role of learners ' language analytic ability in the communicative classroom [C] // Robinson P，Individual Differences and Instructed Language Learning. Amsterdam：John Benjamins：159–180.

REBER A S，1989. Implicit learning and tactic knowledge [J] . Journal of Experimental Psychology：General，118：219–235.

REBER A S，KASSIN S M，LEWIS S，et al，1980. On the relationship between implicit and explicit modes in the learning of a complex rule structure [J] . Journal of Experimental Psychology：Human Learning and Memory，6（5）：492–502.

REBUSCHAT P，WILLIAMS J N，2006. Dissociating implicit and explicit learning of natural language syntax [C] // SUN R，MIYAKE N，Proceedings of the 28th Annual Conference of the Cognitive Science Society. Mahwah，NJ：Lawrence Erlbaum. 2594.

REED S，ACKINCLOSE C C，VOSS A，1990. Selecting analogous problems：Similarity versus inclusiveness [J] . Memory & Cognition，18：83–98.

RICHARDS J C，2002. Accuracy and fluency revisited [C] / HINKEL/ E，FOTOS S，New Perspectives on Grammar Teaching in Second Language Classrooms. Mahwah，NJ：Lawrence Erlbaum Associates. 35–50.

RICHARDS J C，TUNG P，NG P，1992. The culture of the English language teacher：A Hong Kong example [J] . RELC Journal（1）：81–102.

ROBINSON P，1996. Learning simple and complex second language rules under implicit，incidental，rule-search，and instructed conditions [J] . Studies in Second Language Acquisition，18：27–67.

ROBINSON P，2005. Cognitive abilities，chunk-strength，and frequency effects in implicit artificial grammar and incidental L2 learning [J] . Studies in Second Language Acquisition，27：235–268.

ROEDIGER H L，1990. Implicit memory：Retention without remembering [J] . American Psychologist，45：1043–1056.

ROEHR K，2008. Metalinguistic knowledge and language ability in university-level L2 learners [J] . Applied Linguistics，29（2）：173–199.

ROEHR K，2010. Explicit knowledge and learning in SLA：A cognitive linguistics perspective [J] . AILA Review, 23: 7–29.

RUTHERFORD W, 1987. Second Language Grammar Learning and Teaching [M] . New York; Longman.

RYLE E, 1949. The Concept of Mind [M] . London: Hutchinson House.

SANZ C, MORGAN-SHORT K, 2004. Positive evidence versus explicit rule presentation and explicit negative feedback : A computer-assisted study [J] . Language Learning, 54: 35–78.

SATO K, KLEINSASSER R, 2004. Beliefs, practices and interactions of teachers in a Japanese high school English department [J] . Teaching and Teacher Education, 20 : 797–816.

SATO M, OYANEDEL J C, 2019. " I think that is a better way to teach but …" : EFL teachers' conflicting beliefs about grammar teaching [J] . System, 84: 110–122.

SCHIMIDT R, FROTA S, 1986. Developing basic conversational ability in a second language : A case-study of an adult learner [C] // DAY R, Talking to Learn : Conversation in Second Language Acquisition. Rowley, MA: Newbury House. 237–326.

SCHULZ R, 1996. Focus on form in the foreign language classroom : Students' and teachers' views on error correction and the role of grammar [J] . Foreign Language Annals, 29 : 343–364.

SCHULZ R, 2001. Cultural differences in student and teacher perceptions concerning the role of grammar instruction and corrective feedback : USA-Colombia [J] . Modern Language Journal, 85: 244–258.

SCRIVENER J,2005. Learning Teaching: A Guidebook for English Language Teachers(2nd edition) [M] . Oxford, UK: Macmillan.

SEGALOWITZ N, GATBONTON E L, 1995. Automatic and lexical skills in second language fluency : Implications for computer assisted language learning [J] . Computer Assisted Language Learning, 8: 129–149.

SEGALOWITZ N, LIGHTBOWN P M, 1999. Psycholinguistic approaches to SLA [J] . Annual Review of Applied Linguistics, 19: 43–63.

SHADISH W R, COOK T D, CAMPBELL D T, 2002. Experimental and Quasi-Experimental Designs for Generalized Causal Inference [M] . Boston, New York : Houghton Mifflin Company.

SHEEN R, 2005. Focus on formS as a means of improving accurate oral production [C] //

HOUSEN A，PIERRARD M，Investigations in Instructed Second Language Acquisition [C] . Berlin：Mouton de Gruyter. 271–310.

SHINTANI N，2017. The effects of the timing of isolated FFI on the explicit knowledge and writing accuracy of learners with different prior knowledge of the linguistic target [J] . Studies in Second Language Acquisition，39：129–166.

SHINTANI N，ELLIS R，2013. The comparative effect of metalinguistic explanation and direct written corrective feedback on learners' explicit and implicit knowledge of the English indefinite article [J] . Journal of Second Language Writing，22（3）：286–306.

SKEHAN P，FOSTER P，1997. Task type and task processing conditions as influences on foreign language performance [J] . Language Teaching Research，1：185–211.

SMITH S M，2004. In two minds about grammar：On the interaction of linguistic and metalinguistic knowledge in performance [J] . Transactions of the Philological Society，102：255–280.

SONGHORI M H，2012. Exploring the congruence between teachers' and students' preferences for form-focused instruction：isolated or integrated? [J]Asian EFL Journal，61：4–23.

SPADA N，1997. Form-focussed instruction and second language acquisition：A review of classroom and laboratory research [J] . Language Teaching，30：73–87.

SPADA N，2006. Communicative language teaching：Current status and future prospects [C] // CUMMINS J，DAVIS C，The International Handbook of English Language Teaching . Boston，MA：Springer.

SPADA N，2011. Beyond form-focused instruction：Reflections on past，present and future research [J] . Language Teaching，44：225–236.

SPADA N，2015. SLA research and L2 pedagogy：Misapplications and questions of relevance [J] . Language Teaching，48：69–81.

SPADA N，LIGHTBOWN P M，1993. Instruction and the development of questions in the L2 classroom [J] . Studies in Second Language Acquisition，15：205–224.

SPADA N，LIGHTBOWN P M，1999. Instruction，first language influence，and developmental readiness in second language acquisition [J] . Modern Language Journal，83：1–22.

SPADA N，LIGHTBOWN P M，2008. Form-focused instruction：Isolated or integrated? [J] . TESOL QUARTELY，42（2）：181–207.

SPADA N，TOMITA Y，2010. Interactions between type of instruction and type of instruction feature：A meta-analysis［J］. Language Learning，60：1–46.

SPADA N，BARKAOUI K，PETERS C，et al，2009. Developing a questionnaire to investigate second language learners' preferences for two types of form-focused instruction［J］. System，37：70–81.

SPADA N，LIGHTBOWN P M，WHITE J，2005. The importance of form/meaning mappings in explicit form-focused instruction［C］// HOUSE A，PIERRARD M，Investigations in Instructed Second Language Acquisition. Berlin，Germany：Mouton de Gruyter. 199–234.

SPADA N，JESSOP L，TOMITA Y，et al，2014. Isolated and integrated form-focused instruction：Effects on different types of L2 knowledge［J］. Language Teaching Research，18：453–473.

STAFFORD C A，BOWDEN H W，SANZ C，2012. Optimizing language instruction：Matters of explicitness，practice，and cue learning［J］. Language Learning，62（3）：741–768.

STILLWELL C，CURABBA B，ALEXANDER K，et al，2010. Students transcribing tasks：noticing fluency，accuracy，and complexity［J］. ELT Journal，64：445–455.

SWAIN M，LAPKIN S，2002. Talking it through：Two French immersion learners' responses to reformulation［J］. International Journal of Educational Research，37：285–304.

TAMMENGA-HELMANTEL M，ARENDS E，CANRINUS E，2014. The effectiveness of deductive，inductive，implicit and incidental grammatical instruction in second language classrooms［J］. System，45：198–210.

TOMASELLO M，HERRON C，1988. Down the garden path：Inducing and correcting overgeneralization errors in the foreign language classrooms［J］. Applied Psycholinguistics，9：237–246.

TRENDAK O，2015. Exploring the Role of Strategic Intervention in Form-Focused Instruction［M］. Springer International Publishing Switzerland.

TURNER J C，MEYWE D K，2000. Study and understanding the instructional contexts of classrooms：Using our past to forge our future［J］. Educational Psychologist，35：69–85.

TURNER J C，CHRISTENSEN A，MEYER D K，2009. Teachers' beliefs about student learning and motivation [C] // Saha L J, Dworkin A G, International Handbook of Research on Teachers and Teaching. Springer, Boston, MA. 361–371.

VALEO A, SPADA N, 2016. Is there a better time to focus on form? Teacher and learner views [J] . TESOL QUARTELY, 50 (2): 314–339.

VANPATTEN B, 1990. Attending to form and content in the input : An experiment in consciousness [J] . Studies in Second Language Acquisition, 12: 287–301.

VANPATTEN B, 1996. Input Processing and Grammar Instruction : Theory and Research [M] . Norwood, NJ: Ablex.

VANPATTEN B, 2002. Processing instruction: An update [J]. Language Learning, 52 (4): 755–803

VANPATTEN B, 2003. Input processing in SLA [C] // VANPATTEN B, Processing Instruction: Theory, Research and Commentary. Mahwah, NJ: Lawrence Erlbaum. 5–31.

VANPATTEN B, 2007. Input processing in adult second language acquisition [C] // VANPATTEN B, WILLIAMS J, Theories in Second Language Acquisition. London : Lawrence Erlbaum Associates. 115–135.

WIDDOWSON H G, 1978. Teaching Language as Communication [M] . Oxford : Oxford University Press.

WILLIAMS J, 2001. Learner-generated attention to form [J] . Language Learning, 51 : 303–346.

WILLIAMS J, 2005. Learning without awareness [J] . Studies in Second Language Acquisition, 27: 269–304.

WILLIAMS J, EVANS J, 1998. What kind of focus on which forms? [C] // DOUGHTY C, WILLIAMS J, Focus on Form in Classroom Second Language Acquisition. New York : Cambridge University Press. 139–155.

WILLIS J, 1996. A Framework for Task-Based Learning [M] . Halow: Longman.

XU J, LI B, CURTIS A, 2015. Validating an English language teaching reflection inventory in a Chinese EFL context [J] . System, 49: 50–60.

附　　录

附录 1　教师对形式聚焦教学信念访谈提纲

一、整体访谈

1. 您能否描述一下您所在的学校对英语教学强调的是什么（如考试、语言能力、交流能力等）？您认为对初中生而言什么是最重要的呢？

2. 通过这几周听课，我发现您平时的教学过程基本上都是按照课本安排来的，一个单元先是两节听说课，然后是语法教学，再是短阅读和长阅读，最后是复习。PPT 和教学过程也是教研室集体备课讨论之后的结果。您自己会有哪些改动？课堂上使用的教学材料有多少是您自己的？您觉得教材合不合理？除了教材外，您平时还会用到哪些教学材料？ 您会不会在课后对自己的课堂进行反思并写下自己的想法？每月有一次评课，您如何看待评课？

3. 您在教学中最注重什么（如听、说、读、写、词汇、语法等）？您认为语法重要吗？您在课堂中是怎么讲语法的？

4. 您认为您的学生在英语学习上有效吗？他们的交流能力如何？他们有什么困难？语法好的学生交流能力也好吗？在前期课堂观察中观察到，整体上老师都是快速点学生回答问题，且一些真正意义上的互动交流很少或很快略过，您对此有什么看法和解释？

二、具体访谈，语法教学观点（发给老师看，对每一部分老师先选然后访谈）

1. 请您为下列教学措施的重要性打分并做出解释。

（5—非常重要，4—重要，3——般，2—不是很重要，1—不重要）

_____ 英语朗读　　　　　　　　　　　　　　　　　　　　　______________

_____ 反复操练 _____________

_____ 做语法练习和作业 _____________

_____ 解释语法规则 _____________

_____ 用歌谣来练习语法点 _____________

_____ 学生说的技巧 _____________

_____ 小组活动 _____________

_____ 让学生开展用英语完成的交际活动 _____________

_____ 老师在课上用英语 _____________

_____ 老师说英语时调整自己的语言，比如放慢语速 _____________

_____ 听或者看原汁原味的英语音频 / 视频 _____________

2. 下面有一些关于语法学习的观点，请您根据自己的想法，在“非常同意”“同意”“不确定”“不同意”“非常不同意”中选出您的观点并说明原因。

语法学习观点	非常同意	同意	不确定	不同意	非常不同意
语法应该是英语课的一部分					
课本中应该涉及和处理英语语法					
老师在英语课上应该重视语法					
在英语课上，没有必要讨论语法，重点应该是学习如何交流					
英语课的重点应该只是学习如何交流而不进行语法教学					
课本中不应该讨论英语语法					

语法学习观点	非常同意	同意	不确定	不同意	非常不同意
语法教学应该和交际活动结合					
我喜欢在交际活动进行中进行语法教学					
我喜欢先教语法然后再开展交际活动					
我喜欢先进行交际活动然后再教语法					

语法学习观点	非常同意	同意	不确定	不同意	非常不同意
语法应该在英语课中占据中心位置					
课本应该系统地梳理所有的语法点					

续表

语法学习观点	非常同意	同意	不确定	不同意	非常不同意
教师应该把语法作为课程的一个单独的主题					
老师应该只在学生对某个语法点遇到困难时才注意该语法点					
如果学生在某一特定语法特征中没有犯任何错误，教师就不应该解释其基本规则					
只有学生在某个语法点上犯了错误再教这个语法点才是有用的					

语法学习观点	非常同意	同意	不确定	不同意	非常不同意
教语法时，教师必须讲解和讨论显性的、很明确的语法规则					
明确定义语法规则是掌握语法的必要条件					
显性的、明确的语法规则对学生学习语法至关重要					
最好的语法教学方法是向学习者展示多个该结构的例子，而不去讨论其基本规则					
学生掌握语法最好的方法是学习例句，而不是去学习其规则					
学生通过学习和加工多个关于某一个语法结构的例子来自动习得语法，不用学习其规则					

语法学习观点	非常同意	同意	不确定	不同意	非常不同意
老师应该呈现语法规则，而不是让学生自己发现					
教师最好自己讲解一个语法规则，而不是让学生从例子中自己推导出来					
给学生呈现一个语法规则比让他们从例子中发现规则更有效					
最好是让学生从一组例子中推导出一条规则，而不是把规则直接呈现给学生					
让学生们从例子中发现规则是一种更好的语法教学方法，而不是直接呈现该规则					
让学生自己发现一个语法规则是一种更好的语法教学方法，而不是由老师呈现语法规则					

3. 您认为下列教学方法更适合哪种水平的学生（高、中、低水平 / 小学、初中（七、八、九年级）、高中、大学）？

• 演绎教学法，即由老师呈现一个语法规则，然后学生用这个规则来练习。

• 归纳教学法，即学生自己从一组例句中推导出一个语法规则，然后再练习这个规则。

• 在交际活动进行中讲语法。

• 先讲语法再进行相关的交际活动。

• 先进行交际活动再教相关的语法。

4. 您认为下列教学方法分别更适合哪种语法点的教学（很难的语法结构如现在完成进行时 I have been working/ 容易的结构如物主代词 my、your、his、her、our、their，一般现在时 I walk、you walk、he walk）？

• 演绎教学法，即由老师呈现一个语法规则，然后学生用这个规则来练习。

• 归纳教学法，即学生自己从一组例句中推导出一个语法规则，然后再练习这个规则。

• 在交际活动进行中讲语法。

• 先讲语法再进行相关的交际活动。

• 先进行交际活动再教相关的语法。

5. 请从下列因素中选择 2 ～ 3 个对您关于英语教学（尤其是语法教学）的观点和做法影响最大的因素。

________ 国家或区课程标准

________ 课本的教学大纲，课本上呈现的教学顺序

________ 在会议、工作坊或进修课中学到的东西

________ 我看过的有关教学研究的期刊论文

________ 我的英语老师

________ 我在大学学的教学法等课程

________ 我自己学习英语的经历

________ 学生因素（学生想学什么或者为什么学）

________ 实习经历、工作经历

________ 同事的影响或者和其他老师的合作

________ 其他因素

附录 2 英语被动态测试题

错误改正题：下列每个句子中都有一个错误，请找出该错误并改正。

1. Laws are making by the government.

____

2. Several trees planted last summer.

____

3. Some files were delete from the computer.

____

4. The tires on the car were changing yesterday.

____

5. Many bridges built in the 1950s.

____

6. Several job applications received yesterday.

____

7. The lost boy helped by the policeman finally.

____

8. The best student is choose for the prize.

____

9. The food was bringing to the table.

____

10. That window was breaking by Jim this week.

____

11. Thebig game was win finally.

____

12. Lei Feng's namewas remember by all Chinese people.

____

13. Which language is the most widely speak in the world ?

____

14. Children under 18 are not allow to watch this show without their parents.

____

15. Last year a large number of trees cut down.

____

16. The old man is ill. He must be sending to the hospital.

____

17. Vegetables， eggs and fruits are selling in this shop.

____

18. The stars can't seen in the daytime.

____

19. Anxi and Hangzhou widely known for their tea.

____

20. The room is cleaning every day.

____

21. Apples picked in the autumn.

____

22. The game is call "Lianliankan" by us.

____

23. Metal isusing for making machines.

____

24. Basketball was invent by a Canadian doctor named James Naismith.

____

25. She is watch CCTV news with her parents.

____

26. I plan go camping with my classmates by the river.

____

27. Excuse me，can I have anything to eat？

____

28. She is 35 years old. She is older of Mary.

____

29. Max often tells funny stories and makes us happily.

____

30. This morning I show my friend a new wallet.

____

附录 3　较难语法点错误改正和限时语法判断测试题

错误改正题：下列每个句子中都有一个错误，请找出该错误并改正。

1. Tom is more heavier than me.

____

2. Her box is biger than yours.

____

3. The weather in Wuhan is hotter than in Beijing.

____

4. Mary was taller of the two girls.

____

5. Wuhan is hot than Beijing.

____

6. My coat is more cheaper than yours.

____

7. Today，he gets up early than me.

____

8. This river is very longer than that one.

____

9. English is more useful as Chinese.

____

10. The more exercise you do, the more strong you'll be.

____

11. Tina runs so quickly as Tara.

____

12. Jack is elder than Jerry.

____

13. She is more outgoing of the twins.

____

14. China is greener and beautifuler than other countries.

____

15. The Changjiang River is longer than any river in China.

____

16. She looks more younger than her husband.

____

17. The young man on the bike is my older brother.

____

18. Her hair is shorter than me.

____

19. This desk is more heavy than that one.

____

20. The sooner, the good.

____

21. Does Tara work as harder as Tina ?

____

22. The nights are getting long and longer.

____

23. He is taller than any student in his class.

____

24. This song is becoming more popular and more popular.

____

25. Mary is old enough to take care of sheself.

____

26. We go to the cinema last night.

____

27. Tom and Sam come to China last month.

____

28. How often does you exercise ?

____

29. Here is some flowers for you.

____

30. This morning I show my friend a new book.

____

限时语法判断题：请在规定时间内判断下面句子的正误。

1. Where did you go on vacation ?

答案：对　　答题时间限制：4.2 秒

2. Kate is old enough to take care of herself.

答案：对　　答题时间限制：4.7 秒

3. What time did you get to school this morning ?

答案：对　　答题时间限制：5.2 秒

4. He is more taller than his brother.

答案：错　　答题时间限制：2 秒

5. The room is larger than the other one.

答案：对　　答题时间限制：2.8 秒

6. My cat is fater than yours.

答案：错　　答题时间限制：3.5 秒

7. The size of our classroom is the same as that of yours.

答案：对　　答题时间限制：3.8 秒

8. His hair is longer than you.

答案：错　　答题时间限制：4.5 秒

9. Days are getting longer and longer.

答案：对　　答题时间限制：4.1 秒

10. The weather in Beijing is colder than in Wuhan.

答案：错　　答题时间限制：5 秒

11. Our house is so large as yours.

答案：错　　答题时间限制：4.8 秒

12. My dress is more beautiful than hers.

答案：对　　答题时间限制：4.5 秒

13. His pen is cheaper than mine.

答案：对　　答题时间限制：4 秒

14. He's as heavier as me.

答案：错　　答题时间限制：3 秒

15. John is much heavier than Sam.

答案：对　　答题时间限制：3.9 秒

16. Tina runs as quickly as Tara.

答案：对　　答题时间限制：4.3 秒

17. My room is much bigger than she.

答案：错　　答题时间限制：4 秒

18. Of the twins，he is more outgoing.

答案：错　　答题时间限制：4.8 秒

19. The more books you read，the smarter you'll be.

答案：对　　答题时间限制：4.5 秒

20. Which book is better，this one or that one？

答案：对　　答题时间限制：3.95 秒

21. My hair is more long than my sister's.

答案：错　　答题时间限制：3.5 秒

22. Lily is the taller of the two.

答案：对　　答题时间限制：4.5 秒

23. The weather gets cold and colder.

答案：错　　答题时间限制：3.1 秒

24. My mother is very busy，and my father is even busier than her.

答案：对　　答题时间限制：5.1 秒

25. I am 5 years old than him.

答案：错　　答题时间限制：4 秒

26. Who is beautifuler，Lily or Lucy？

答案：错　　答题时间限制：3.05 秒

27. That boy in the red hat is my elder brother.

答案：对　　答题时间限制：5.6 秒

28. Jim do a lot yesterday. He went shopping and cooked supper.

答案：错　　答题时间限制：4.5 秒

29. How long do he sleep every night？

答案：错　　答题时间限制：4.5 秒

30. What do you often does on weekends？

答案：错　　答题时间限制：3.8 秒

附录 4　容易语法点错误改正和限时语法判断测试题

错误改正题：下列每个句子中都有一个错误，请找出该错误并改正。

1. He will is at school next Monday.

____

2. I'm going to go school by bike tomorrow.

____

3.The party will be take place on Saturday.

____

4. What will the future like ?

____

5. I w'ont be at work on time tomorrow. I have to go to the dentist first.

____

6. He will does his homework after school.

____

7. How soon kids will study at home ?

____

8. Books will only on computers，not on paper.

____

9. After I finish high school，I'm going to go university.

____

10.There is going to have a basketball match this afternoon.

____

11. Will there more people in the cities in the future ?

____

12. I will sent you a letter from China.

____

13. Look at the clouds. It'swill to rain.

____

14.I am studying hard and I will going to try for my exams.

____

15. There is going to be two football matches.

____

16. When people will have robots in their home？

____

17.In 50 years，people will be have more free time.

____

18.I hope you have lunch with us tomorrow.

____

19.She going to make dumplings for dinner.

____

20.Will people be live to 200 years old？

____

21.We going to have dinner together on Sunday.

____

22. There will are more beautiful flowers in the garden.

____

23.Children wont'go to school in the future.

____

24.There will both good and bad things in our life.

____

25. Do you want to watching a game show？

____

26. My friend want to be an engineer.

____

27. Dumpling House is cheapest restaurant in the city.

____

28. Who's the more hard-working in your class？

____

29. How often do he play soccer？

____

30. I can't stand news，I like watch sitcoms.

____

限时语法判断题：请在规定时间内判断下面句子的正误。

1. Do you want to watch a movie？

答案：对　　答题时间限制：3.05 秒

2. Ninety percent of the students always use the internet.

答案：对　　答题时间限制：4.75 秒

3. Park is the best place to go to on weekends.

答案：对　　答题时间限制：4.05 秒

4. Lily will is at home next Sunday.

答案：错　　答题时间限制：4.35 秒

5. It is going to snow in Beijing tomorrow evening.

答案：对　　答题时间限制：4.55 秒

6. He will does housework with his brother.

答案：错　　答题时间限制：3.45 秒

7. There is going to have a party tonight.

答案：错　　答题时间限制：4.55 秒

8. What will the schools of the future like？

答案：错　　答题时间限制：3.85 秒

9. When will we meet again？

答案：对　　答题时间限制：2.45 秒

10. I wont'waste my time from now on.

答案：错　　答题时间限制：3.05 秒

11. How soon people will have robots in their home？

答案：错　　答题时间限制：4.65 秒

12. I will buy books from the corner shop when it opens.

答案：对　　答题时间限制：3.05 秒

13. There are going to be two matches，get ready!

答案：对　　答题时间限制：3.85 秒

14. I will going to meet my friend on Friday.

答案：错　　答题时间限制：3.85 秒

15. There will be less fresh water in the future because of pollution.

答案：对　　答题时间限制：3.95 秒

16. Will there be world peace in the future？

答案：对　　答题时间限制：3.65 秒

17. Larry is going to go school with Kate.

答案：错　　答题时间限制：4.25 秒

18. Now I will be check my answers.

答案：错　　答题时间限制：2.95 秒

19. They won't listen to Tom because he always tells lies.

答案：对　　答题时间限制：4.45 秒

20. I will show you my new book tomorrow.

答案：对　　答题时间限制：3.35 秒

21. In three years I going to live in a different country.

答案：错　　答题时间限制：4.65 秒

22. There will be more books for those children.

答案：对　答题时间限制：3.85 秒

23. After I finish high school，I'm going to go to university.

答案：对　　答题时间限制：4.15 秒

24. Before we start our lesson，we are going to have a review.

答案：对　　答题时间限制：3.45 秒

25. If we don't protect the environment，there will more pollution.

答案：错　　答题时间限制：4.25 秒

26. I hope there be more cars in the future.

答案：错　　答题时间限制：3.75 秒

27. People will live to be 200 years old.

答案：对　　答题时间限制：3.45 秒

28. Each of the boys have a pen.

答案：错　　答题时间限制：3.35 秒

29. I have important something to tell you.

答案：错　　答题时间限制：3.15 秒

30. Shanghai is larger than any city in China.

答案：错　　答题时间限制：3.75 秒

附录 5　教师对形式聚焦教学时机的偏好问卷

请回答下面关于您对英语语法教学的观点和偏好的问题。这会帮助我们更好地了解教师所喜好的英语语法教学模式。谢谢您的配合。

第一部分：个人信息

您的性别：(单选题)(必答题)

○ 男　　○ 女

您所教的年级：(单选题)(必答题)

○ 初中　　○ 高中　　○ 大学

您的教育背景：(单选题)(必答题)

○ 本科　　○ 硕士　　○ 博士

您的教龄：(单选题) (必答题)

○ 1 ～ 5 年　　○ 6 ～ 10 年　　○ 10 年以上

您当前学校所在的省份：（单选题）（必答题）

○ 安徽　○ 北京　○ 重庆　○ 福建　○ 甘肃　○ 广东　○ 广西
○ 贵州　○ 海南　○ 河北　○ 黑龙江　○ 河南　○ 湖北　○ 湖南
○ 江苏　○ 江西　○ 吉林　○ 辽宁　○ 内蒙古　○ 宁夏　○ 青海
○ 山东　○ 上海　○ 山西　○ 陕西　○ 四川　○ 天津　○ 新疆
○ 西藏　○ 云南　○ 浙江

第二部分：对英语语法教学的偏好和观点

下面是关于英语语法教学偏好的一些描述，请根据您的实际教学情况选择符合您的选项。（矩阵量表题）（必答题）

描　述	非常不同意	不同意	不确定	同意	非常同意
1. 学生学习语法的最佳方式是参加包含语法的、以意义为主的活动	1	2	3	4	5
2. 我偏好将语法作为以意义为主的活动的一部分来教	1	2	3	4	5
3. 只通过以意义为主的活动来教语法结构会限制学生在课外的语法准确性	1	2	3	4	5
4. 学生在以意义为主的语境中学习语法能让他们成功地表达自己想说的意思	1	2	3	4	5
5. 学生更能学好在语境中呈现的语法知识	1	2	3	4	5
6. 教一个新语法结构最有效的方法是在以意义为主的语境中呈现该结构	1	2	3	4	5
7. 学生学习语法的最佳方式是做只包含语法结构的练习	1	2	3	4	5
8. 学生只有将语法学习和以意义为主的活动分开才能准确地进行交流	1	2	3	4	5
9. 我喜欢把语法教学和交际活动分开	1	2	3	4	5
10. 如果将语法从语境中分开，学生会学得更好	1	2	3	4	5
11. 单独教语法不能提升学生在课外使用语言的知识水平	1	2	3	4	5
12. 我喜欢把语法教学和以意义为主的活动分开	1	2	3	4	5

续表

描　述	非常不同意	不同意	不确定	同意	非常同意
13. 学生的语法错误应该在交际任务进行中就被纠正	1	2	3	4	5
14. 教语法最好的方式就是通过以语法结构为主的练习	1	2	3	4	5
15. 我偏好在一个以意义为主的语境中教语法	1	2	3	4	5
16. 准确使用英语的最佳方式是做以语法结构为主的练习	1	2	3	4	5
17. 我偏好把教语法和交际结合在一起	1	2	3	4	5
18. 教一个新结构最有效的方法是在一个交际活动之前呈现该语法点	1	2	3	4	5
19. 语法教学应该和交际活动分开	1	2	3	4	5
20. 准确使用英语的最佳方式是做包含语法的、以意义为主的活动	1	2	3	4	5
21. 纠正学生语法错误的最佳时机是在交际活动之后，而非活动中间	1	2	3	4	5
22. 教语法的最佳方式是通过以意义为主的活动	1	2	3	4	5

第三部分：开放题

关于语法教学的观点和喜好，你还有什么想说的吗？

____

____

____

____

____

附录 6　学生对形式聚焦教学时机的偏好问卷

请回答下面关于您对英语语法教学的观点和偏好的问题。这会帮助我们更好地了解教师所喜好的英语语法教学模式。谢谢您的配合。

第一部分：个人信息

您的性别：（单选题）（必答题）

○ 男　　○ 女

您所教的年级：（单选题）（必答题）

○ 初中　　○ 高中　　○ 大学

您当前学校所在的省份：（单选题）（必答题）

○ 安徽　○ 北京　○ 重庆　○ 福建　○ 甘肃　○ 广东　○ 广西
○ 贵州　○ 海南　○ 河北　○ 黑龙江　○ 河南　○ 湖北　○ 湖南
○ 江苏　○ 江西　○ 吉林　○ 辽宁　○ 内蒙古　○ 宁夏　○ 青海
○ 山东　○ 上海　○ 山西　○ 陕西　○ 四川　○ 天津　○ 新疆
○ 西藏　○ 云南　○ 浙江

第二部分：对英语语法教学的偏好和观点

下面是关于英语语法教学偏好的一些描述，请根据您的实际学习情况选择符合您的选项。（矩阵量表题）（必答题）

描　　述	非常不同意	不同意	不确定	同意	非常同意
1. 应该通过交际活动教语法	1	2	3	4	5
2. 我喜欢先学语法再用它	1	2	3	4	5
3. 我喜欢通过交际来学习语法	1	2	3	4	5
4. 我可以在阅读或口语活动中学习语法	1	2	3	4	5
5. 我喜欢只教语法的课程	1	2	3	4	5
6. 做交际活动是准确使用英语的最佳方式	1	2	3	4	5
7. 我喜欢老师在交际活动之前就教语法，而不是在交际活动中教语法	1	2	3	4	5
8. 做交际活动时我的语法水平会提升	1	2	3	4	5
9. 我喜欢老师在我完成交际活动之后再纠正我的错误	1	2	3	4	5
10. 我发现很难通过阅读或听力来学习语法	1	2	3	4	5
11. 我喜欢既强调语法又强调交际的活动	1	2	3	4	5

续表

描　述	非常不同意	不同意	不确定	同意	非常同意
12. 如果学习语法与交际活动分开，我的英语会进步	1	2	3	4	5
13. 我发现老师在我们阅读文章时教语法对我有用	1	2	3	4	5
14. 我喜欢先学习语法规则然后进行交际活动	1	2	3	4	5
15. 我可以通过阅读或听一篇文章学会语法	1	2	3	4	5
16. 我喜欢老师在我进行交际活动时就纠正我的错误	1	2	3	4	5
17. 我喜欢把语法学习和交际活动分开	1	2	3	4	5
18. 我喜欢老师通过交际活动教我们语法	1	2	3	4	5
19. 做语法练习是准确使用英语的最佳方式	1	2	3	4	5
20. 我喜欢在我进行不同的技巧训练和活动时学习语法	1	2	3	4	5
21. 语法教学应该和交际活动分开	1	2	3	4	5
22. 我喜欢在阅读一篇文章之前学习里面所用到的语法	1	2	3	4	5
23. 我喜欢包含语法教学的交际活动	1	2	3	4	5
24. 我发现把语法学习和交际活动分开对我有用	1	2	3	4	5
25. 我喜欢在听、说、读、写的活动中学习语法	1	2	3	4	5
26. 我喜欢老师在交际活动之后再教语法，而不是在交际活动中教	1	2	3	4	5

第三部分：开放题

关于语法教学的观点和喜好，你还有什么想说的吗？

____

____

____

____

____